2021

中国法治建设年度报告

（中英文）

中国法学会 编

中国长安出版传媒有限公司
中国长安出版社

图书在版编目（CIP）数据

中国法治建设年度报告. 2021 / 中国法学会编. —
北京：中国长安出版传媒有限公司，2022. 10
ISBN 978-7-5107-1065-0

Ⅰ. ①中… Ⅱ. ①中… Ⅲ. ①社会主义法治-建设-研究报告-中国-2021 Ⅳ. ①D920. 0

中国版本图书馆 CIP 数据核字（2021）第 191694 号

中国法治建设年度报告（2021）

中国法学会　编

出版发行 中国长安出版传媒有限公司 中国长安出版社
社　　址 北京市东城区北池子大街 14 号（100006）
网　　址 http://www.ccapress.com
邮　　箱 capress@163.com
责任编辑 刘英雪
发行电话 （010）66529988-1319
印　　刷 北京亿成盛源彩色印刷有限公司
开　　本 787mm×1092mm　16 开
印　　张 25.25
字　　数 230 千字
版　　次 2022 年 10 月第 1 版
印　　次 2022 年 10 月第 1 次印刷

书　　号 ISBN 978-7-5107-1065-0
定　　价 98.00元

前 言

2021年是党和国家历史上具有里程碑意义的一年。以习近平同志为核心的党中央团结带领全党全国各族人民，隆重庆祝中国共产党成立一百周年，胜利召开党的十九届六中全会、制定党的第三个历史决议，如期打赢脱贫攻坚战，如期全面建成小康社会、实现第一个百年奋斗目标，开启全面建设社会主义现代化国家、向第二个百年奋斗目标进军新征程。

2021年也是中国法治建设进程中极其重要的一年。这一年，全党全国认真学习领会习近平法治思想，吃透基本精神、把握核心要义、明确工作要求，切实把习近平法治思想贯彻落实到全面依法治国全过程。这一年，党中央首次召开人大工作会议，印发《中共中央关于新时代坚持和完善人民代表大会制度、加强和改进人大工作的意见》。习近平总书记发表重要讲话，深刻回答了新时代发展中国特色社会主义民主政治、坚持和完善人民代表大会制度的一系列重大理论和实践问题，系统论述了全过程人民民主这一重大理念，明确提出了加强和改进人大工作的指导思想、重大原则和主要任务。这一年，《中华人民共和国民法典》正式实施，为维护人民权益、化解矛盾纠纷、促进社会和谐稳定发挥重要作用。这一年，中共中央、国务院印发《法治政府建设实施纲要（2021—2025年）》，确立"十四五"时期全面推进法治政府建设的路线图和施工图。这一年，党中央在历史上首次专门制发《中共中央关于加强新时代检察机关法律监督工作的意见》，赋予检察机关更重政治责任。这一年，全国人大及其常委会以宪法和特别行政区基本法为依据，健全特别行政区宪制秩序和法治秩序，更好落实中央全面管治权和特别行政区高度自治权，确保"爱国者治港"。这一年，全国政法机关坚持党对政法工作的绝对领导，不断完善执法司法政策措施，在维护国家政治安全和社会稳定、政法领域全面深化改革、常态化扫黑除恶、政法队伍教育整顿等方面取得新成效，为建设更高水平的平安中国、法治中国提供有力保障。这一年，经党中央批准，习近平法治思想研究中心在北京成立，推动习近平法治思想学习研究、阐释宣传进一步走向深入；《习近平法治思想学习纲要》出版发行，为广大干部群众深入学习贯彻习近平法治思想提供了重要权威辅助读物；《习近平法治思想概论》出版发行，推动习近平法治思想进教材进课堂进头脑。2021年，中国法治建设取得的重大成就，进一步彰显了以习近平同志为核心的党中央的坚强领导，彰显了中国特色社会主义法治道路的巨大优越性，必将激励广大法学法律工作者以更加昂扬的姿态奋进新征程、建功新时代！

目　录

Contents

坚持走中国特色社会主义法治道路 更好推进中国特色社会主义法治体系建设*

习近平

今天，中央政治局进行第三十五次集体学习，内容是建设中国特色社会主义法治体系。安排这次学习，目的是总结中国特色社会主义法治体系建设成效，分析存在的问题和不足，坚持走中国特色社会主义法治道路，更好推进中国特色社会主义法治体系建设。

“法度者，正之至也。”我们党自成立之日起就高度重视法治建设。新民主主义革命时期，我们党制定了《中华苏维埃共和国宪法大纲》和大量法律法令，创造了“马锡五审判方式”，为建立新型法律制度积累了实践经验。社会主义革命和建设时期，我们党领导人民制定了宪法和国家机构组织法、选举法、婚姻法等一系列重要

* 这是习近平总书记2021年12月6日在十九届中央政治局第三十五次集体学习时的讲话。来源：《求是》2022年第4期。

法律法规，建立起社会主义法制框架体系，确立了社会主义司法制度。改革开放和社会主义现代化建设时期，我们党提出“有法可依、有法必依、执法必严、违法必究”的方针，确立依法治国基本方略，把建设社会主义法治国家确定为社会主义现代化的重要目标，逐步形成以宪法为核心的中国特色社会主义法律体系。

党的十八大以来，党中央把全面依法治国纳入“四个全面”战略布局予以有力推进，对全面依法治国作出一系列重大决策部署，组建中央全面依法治国委员会，完善党领导立法、保证执法、支持司法、带头守法制度，基本形成全面依法治国总体格局。党的十八届四中全会明确提出全面推进依法治国的总目标是建设中国特色社会主义法治体系、建设社会主义法治国家。我们抓住法治体系建设这个总抓手，坚持党的领导、人民当家作主、依法治国有机统一，坚持依法治国、依法执政、依法行政共同推进，坚持法治国家、法治政府、法治社会一体建设，全面深化法治领域改革，统筹推进法律规范体系、法治实施体系、法治监督体系、法治保障体系和党内法规体系建设，推动中国特色社会主义法治体系建设取得历史性成就。

同时，我们也要看到，我国法治体系还存在一些短板和不足，主要是：法律规范体系不够完备，重点领域、新兴领域相关法律制度存在薄弱点和空白区；法治实施体系不够高效，执法司法职权运行机制不够科学；法治监督体系不够严密，各方面监督没有真正形成合力；法治保障体系不够有力，法治专门队伍建设有待加强；涉外法治短板比较明显，等等。这些问题，必须抓紧研究解决。

我多次强调，法治兴则民族兴，法治强则国家强。当前，我国正处在实现中华民族伟大复兴的关键时期，世界百年未有之大变局加速演进，改革发展稳定任务艰巨繁重，对外开放深入推进，需要更好发挥法治固根本、稳预期、利长远的作用。

从国内看，我们已经踏上了全面建设社会主义现代化国家、向第二个百年奋斗目标进军的新征程，立足新发展阶段，贯彻新发展理念，构建新发展格局，推动高质量发展，满足人民对民主、法治、公平、正义、安全、环境等方面日益增长的要求，提高人民生活品质，促进共同富裕，都对法治建设提出了新的更高要求。我们必须提高全面依法治国能力和水平，为全面建设社会主义现代化国家、实现第二个百年奋斗目标提供有力法治保障。

从国际看，世界进入动荡变革期，国际竞争越来越体现为制度、规则、法律之争。我们必须加强涉外法律法规体系建设，提升涉外执法司法效能，坚决维护国家主权、安全、发展利益。

建设中国特色社会主义法治体系，要顺应事业发展需要，坚持系统观念，全面加以推进。当前和今后一个时期，要着力抓好以下几方面工作。

第一，坚持法治体系建设正确方向。我讲过，全面推进依法治国这件大事能不能办好，最关键的是方向是不是正确、政治保证是不是坚强有力，具体讲就是要坚持党的领导，坚持中国特色社会主义制度，贯彻中国特色社会主义法治理论。中国特色社会主义法治体系是中国特色社会主义制度的重要组成部分，必须牢牢把握中国特色社会主义这个定性，坚定不移走中国特色社会主义法治道路，正确处理政治和法治、改革和法治、依法治国和以德治国、依法治国和依规治党的关系，在坚持党的全面领导、保证人民当家作主等重大问题上做到头脑特别清晰、立场特别坚定。要始终坚持以人民为中心，坚持法治为了人民、依靠人民、造福人民、保护人民，把体现人民利益、反映人民愿望、维护人民权益、增进人民福祉落实到法治体系建设全过程。我们要建设的中国特色社会主义法治体系，必须是扎根中国文化、立足中国国情、解决中国问题的法治体系，不能被西方错误思潮所误导。

第二，加快重点领域立法。古人讲："立善法于天下，则天下治；立善法于一国，则一国治。"要加强国家安全、科技创新、公共卫生、生物安全、生态文明、防范风险等重要领域立法，加快数字经济、互联网金融、人工智能、大数据、云计算等领域立法步伐，努力健全国家治理急需、满足人民日益增长的美好生活需要必备的法律制度。要发挥依规治党对党和国家事业发展的政治保障作用，形成国家法律和党内法规相辅相成的格局。要聚焦人民群众急盼，加强民生领域立法。对人民群众反映强烈的电信网络诈骗、新型毒品犯罪和“邪教式”追星、“饭圈”乱象、“阴阳合同”等娱乐圈突出问题，要从完善法律入手进行规制，补齐监管漏洞和短板，决不能放任不管。这些年来，资本无序扩张问题比较突出，一些平台经济、数字经济野蛮生长、缺乏监管，带来了很多问题。要加快推进反垄断法、反不正当竞争法等修订工作，加快完善相关法律制度。

毛泽东同志说过：“搞宪法是搞科学。”要抓住立法质量这个关键，深入推进科学立法、民主立法、依法立法，统筹立改废释纂，提高立法效率，增强立法系统性、整体性、协同性。维护国家法治统一是严肃的政治问题，各级立法机构和工作部门要遵循立法程序、严守立法权限，切实避免越权立法、重复立法、盲目立法，有效防止部门利益和地方保护主义影响。

“天下之事，不难于立法，而难于法之必行。”推进法治体系建设，重点和难点在于通过严格执法、公正司法、全民守法，推进法律正确实施，把“纸上的法律”

变为“行动中的法律”。要健全法律面前人人平等保障机制，维护国家法制统一、尊严、权威，一切违反宪法法律的行为都必须予以追究。各级党组织和领导干部都要旗帜鲜明支持司法机关依法独立行使职权，绝不容许利用职权干预司法、插手案件。

第三，深化法治领域改革。当前，法治领域存在的一些突出矛盾和问题，原因在于改革还没有完全到位。要围绕让人民群众在每一项法律制度、每一个执法决定、每一宗司法案件中都感受到公平正义这个目标，深化司法体制综合配套改革，加快建设公正高效权威的社会主义司法制度。要健全社会公平正义法治保障制度，完善公益诉讼制度，健全执法权、监察权、司法权运行机制，加强权力制约和监督。要加快构建系统完备、规范高效的执法司法制约监督体系，加强对立法权、执法权、监察权、司法权的监督，健全纪检监察机关、公安机关、检察机关、审判机关、司法行政机关各司其职，侦查权、检察权、审判权、执行权相互制约的体制机制，确保执法司法各环节、全过程在有效制约监督下进行。要加强统筹谋划，完善法治人才培养体系，加快发展律师、公证、司法鉴定、仲裁、调解等法律服务队伍，着力建设一支忠于党、忠于国家、忠于人民、忠于法律的社会主义法治工作队伍。要深化执法司法人员管理体制改革，加强法治专门队伍管理教育和培养。要深化政法队伍教育整顿，继续依法打击执法司法领域腐败行为，推动扫黑除恶常态化。

需要强调的是，法治领域改革政治性、政策性强，必须把握原则、坚守底线，决不能把改革变成“对标”西方法治体系、“追捧”西方法治实践。

第四，运用法治手段开展国际斗争。党的十八大以来，我们统筹推进国内法治和涉外法治，运用法治方式维护国家和人民利益能力明显提升。要坚持统筹推进国内法治和涉外法治，按照急用先行原则，加强涉外领域立法，进一步完善反制裁、反干涉、反制“长臂管辖”法律法规，推动我国法域外适用的法律体系建设。要把拓展执法司法合作纳入双边多边关系建设的重要议题，延伸保护我国海外利益的安全链。要加强涉外法治人才建设。

第五，加强法治理论研究和宣传。我们总结中国特色社会主义法治实践规律，传承中华法律文化精华，汲取世界法治文明有益成果，形成了全面依法治国新理念新举措。我在中央全面依法治国工作会议上概括为“十一个坚持”。要加强对我国法治的原创性概念、判断、范畴、理论的研究，加强中国特色法学学科体系、学术体系、话语体系建设。要把新时代中国特色社会主义法治思想落实到各法学学科的教材编写和教学工作中，推动进教材、进课堂、进头脑，努力培养造就更多具有坚定理想信念、强烈家国情怀、扎实法学根底的法治人才。要加强对律师队伍的政治引领，教育引导广大律师自觉遵守拥护中国共产党领导、拥护我国社会主义法治等从业基本要求，努力做党和人民满意的好律师。要把推进全民守法作为基础工程，全面落实“谁执法谁普法”普法责任制。各级领导干部要带头尊法学法守法用法，引导广大群众自觉守法、遇事找法、解决问题靠法。要总结我国法治体系建设和法治实践的经验，阐发我国优秀传统法治文化，讲好中国法治故事，提升我国法治体系和法治理论的国际影响力和话语权。

各级党委（党组）要担负好主体责任，聚焦重大部署、重要任务、重点工作，加强组织领导，主动担当作为，力戒形式主义、官僚主义。中央依法治国办要发挥好职能作用，推动党中央法治建设决策部署落到实处。各条战线各个部门要齐抓共管、压实责任、形成合力，提高工作法治化水平。

一、关于全国人大及其常委会的立法和监督工作

2021年，全国人大及其常委会共制定法律17件，修改法律26件，通过有关法律问题和重大问题的决定决议11件。截至2021年12月底，中国现行有效的法律共291件。

（一）完善宪法相关法律和制度

——修改全国人民代表大会组织法、全国人民代表大会议事规则，更有力保障最高国家权力机关依法行使职权，保障人民行使当家作主的权力。全国人民代表大会组织法、全国人民代表大会议事规则是全国人大及其常委会依法行使职权的重要制度保障，是宪法有关规定的立法实施。为贯彻落实党中央决策部署和修改后的宪法规定，体现深化党和国家机构改革新形势新任务新要求，总结人民代表大会制度实践新经验新成果，十三届全国人大四次会议修改了全国人民代表大会组织法、全国人民代表大会议事规则。修改后的这两部重要的宪法性法律坚持党的领导，坚持发展全过程人民民主，进一

步健全了全国人大及其常委会的组织制度和工作制度，完善了全国人民代表大会的会议制度和工作程序。

——完善香港特别行政区选举制度，发展适合香港特别行政区实际情况的民主制度。根据宪法、香港特别行政区基本法、香港特别行政区维护国家安全法，十三届全国人大四次会议作出《全国人民代表大会关于完善香港特别行政区选举制度的决定》，明确修改完善香港特别行政区选举制度应当遵循的基本原则和核心要素内容，同时授权全国人大常委会修改香港基本法附件一和附件二。3月底，全国人大常委会全票通过了新修订的香港基本法附件一和附件二，即香港特别行政区行政长官的产生办法、香港特别行政区立法会的产生办法和表决程序。这两个法律附件，全面贯彻“爱国者治港”原则，通过重构并赋权香港特别行政区选举委员会、建立健全有关候选人资格审查制度、明确规定行政长官和立法会的产生办法的表决程序等，形成一套符合香港法律地位和实际情况的民主选举制度，对于坚持和完善“一国两制”制度体系，维护宪法和香港基本法确立的特别行政区宪制秩序具有重要意义。

——制定监察官法，深化国家监察体制改革。8月，全国人大常委会制定监察官法。该法明确监察官的职责、义务、权利、选任条件等，加强对监察官的管理和监督，推进高素质专业化监察官队伍建设和监察工作规范化、法治化，为加强新时代监察工作提供了重要法治保障。

——健全完善军队人大代表选举制度。4月，全国人大常委会修改《中国人民解放军选举全国人民代表大会和县级以上地方各级人民代表大会代表的办法》，紧密结合深化国防和军队改革实际，总结实践经验，加强对军队选举工作的指导和规范，进一步保障军人依法行使民主选举权利、依法参与管理国家事务。

（二）加强重点领域立法

——以高质量立法服务高质量发展。

制定乡村振兴促进法。4月，全国人大常委会审议通过乡村振兴促进法，这是“三农”领域的基础性、综合性法律。该法贯彻新发展理念，规定一整套保障和推动乡村振兴的制度措施、体制机制和政策体系，为实施乡村振兴战略提供有力法治保障。

制定海南自由贸易港法。6月，全国人大常委会审议通过海南自由贸易港法。该法对海南自由贸易港的贸易自由便利、投资自由便利、财政税收制度、生态环境保护、产业发展与人才支撑等作出制度安排，赋予海南更大改革自主权，有利于在法治轨道上打造开放层次更高、营商环境更优、辐射作用更强的开放新高地。

制定印花税法。6月，全国人大常委会审议通过印花税法。该法贯彻落实税收法定原则，按照税制平移的思路，保持现行税制框架和税负水平基本不变，同时适当简并税目、降低部分税率，提高印花税规范化、法治化水平。

修订科学技术进步法。12月，全国人大常委会修订科学技术进步法，突出科技创新的战略地位，围绕加强基础研究、增强国家战略科技力量、推动关键核心技术攻关等制度规定，完善和优化国家科技创新体系，推动实现科技自立自强。

修改种子法。种子是发展现代农业、保障国家粮食安全的基础。12月，全国人大常委会修改种子法，增加加强植物新品种权保护、加强种业科学技术研究、促进种业创新发展等方面的法律规定，推动打好种业翻身仗，保障国家粮食安全。

——加强国家安全领域立法。

制定海警法。1月，全国人大常委会审议通过海警法。该法明确海警机构的职能定位、权限措施、保障和协作机制、监督和法律责任，健全完善海上维权执法体制机制，为履行海上维权执法职责提供法律保障，有效维护国家主权、安全和海洋权益。

制定反外国制裁法。反外国制裁法是一部对外斗争领域的专门法律。6月，全国人大常委会审议通过反外国制裁法。该法重申中国长期以来的外交政策和原则立场，明确反外国制裁的情形、反制程序和措施等，为反击霸权主义和强权政治、维护国家和人民利益提供了有力法治支撑。

制定数据安全法。数据安全法是数据领域的基础性法律。6月，全国人大常委会审议通过数据安全法。该法贯彻总体国家安全观，完善数据安全治理体系，规范数据处理活动，促进数据开发利用，提升国家数据安全保障能力。

制定军人地位和权益保障法。6月，全国人大常委会审议通过军人地位和权益保障法。该法贯彻习近平强军思想，聚焦服务备战打仗，紧贴军人职业特殊属性，健全完善军人地位和权益保障的基本原则和基本制度，激励军人更加有效履行职责和使命。

制定陆地国界法。陆地国界法是陆地国界工作领域的基础性法律。10月，全国人大常委会审议通过陆地国界法。该法规范和加强陆地国界的划定、勘定、防卫、管理、建设和对外合作等活动，明确陆地国界工作的内涵和外延以及相关工作制度，为维护国家主权、安全和领土完整提供坚实法律保障。

修订海上交通安全法。4月，全国人大常委会修订海上交通安全法，优化海上交通条件，强化船舶、船员管理，规范行政执法行为，完善海上搜救及交通事故调查处理制度，落实履行相关国际条约的义务，提升海上交通管理及安全保障水平，维护海上交通秩序和保障人民群众生命财产安全。

修订军事设施保护法。6月，全国人大常委会修订军事设施保护法，贯彻习近平强军思想，适应国防和军队改革后新体制新职能，调整完善领导管理体制机制，压实军地责任，细化军事设施分类保护措施，强化科技手段应用，创设保护制度，对于提高军事设施保护工作的精确化、科学化、规范化水平具有重要作用。

修订兵役法。8月，全国人大常委会修订兵役法，贯彻习近平强军思想，立足军队建设需要和备战打仗要求，规范和加强国家兵役工作，保证公民依法服兵役，保障军队兵员补充和储备，为加快实现军事人力资源现代化、全面建成世界一流军队提供有力法治保障。

——完善民生保障、社会治理领域立法。

推进强化公共卫生法治保障立法修法工作。1月，全国人大常委会修订动物防疫法，以保障公共卫生安全和人体健康为重点，对动物防疫方针、防疫责任体系、制度体系、监管体系等作出调整完善，构建科学、合理、健全的动物防疫法律制度，有力保障人民群众生命健康安全。8月，全国人大常委会审议通过医师法，这是对1998年颁布的执业医师法所作的全面系统修订。该法吸收新冠肺炎疫情防控经验，坚持医教协同、医防结合、中西医并重，弘扬医师崇高职业精神，保障医师合法权益，规范医师执业行为，加强医师队伍建设，保护人民健康，推进健康中国建设。

制定反食品浪费法。4月，全国人大常委会审议通过反食品浪费法。该法针对人民群众反映强烈的食品浪费问题，坚持规范与引导并重，建立反食品浪费长效机制，节约资源，保护环境，促进经济社会可持续发展，是“小快灵”“小切口”立法的生动实践。

制定法律援助法。8月，全国人大常委会审议通过法律援助法。该法坚持以人民为中心，丰富和扩大法律援助的形式和范围，完善法律援助保障和监督制度，拓宽法律援助参与渠道，增强人民群众对司法公平正义的获得感。

制定个人信息保护法。个人信息保护法是首部保护个人信息安全的专门法律，是网络安全法治建设的重要立法。8月，全国人大常委会审议通过个人信息保护法。该法规范信息收集、使用、加工、公开、删除等处理活动，健全个人信息保护工作体制机制，促进信息合法合理利用，增强人民群众在数字经济发展中的安全感。

制定家庭教育促进法。10月，全国人大常委会审议通过家庭教育促进法。该法以立德树人为主线，明确家庭教育功能定位和概念、主体责任、内容和方式，完善政府、学校、社会对家庭教育的支持和保障措施，将家庭教育由传统的“家事”上升为新时代的重要“国事”，为促进未成年人全面健康成长提供更完备的法治保障。

制定反有组织犯罪法。12月，全国人大常委会审议通过反有组织犯罪法。该法系统总结扫黑除恶专项斗争实践经验，深入把握有组织犯罪规律特点，突出预防和惩治并重，明确一系列重要制度措施，对于保障在法治轨道上常态化开展扫黑除恶工作，建设更高水平的平安中国、法治中国具有重要意义。

修改教育法。4月，全国人大常委会修改教育法，丰富教育指导思想，强调教育作用，完善教育方针，充实教育内容，完善冒名顶替入学行为的法律责任，维护教育公平。

修改安全生产法。6月，全国人大常委会修改安全生产法，强化企业安全生产主体责任，建立完善安全风险预防控制体系，加大违法处罚力度，保障人民群众生命和财产安全，推进安全生产治理体系和治理能力现代化。

修改人口与计划生育法。8月，全国人大常委会修改人口与计划生育法，落实优化生育政策，实施三孩生育政策，取消社会抚养费等制约措施，配套实施积极生育支持措施等，对促进人口长期均衡发展具有重要意义。

修改工会法。工会法是明确工会法律地位和职责的重要法律，是工会组织依法开展工作的重要制度保障。12月，全国人大常委会修改工会法，加强党对工会工作的领导，完善工会基本职责，扩大基层工会组织覆盖面，更好发挥工会在维护职工合法权益、服务职工群众方面的职能作用。

修改民事诉讼法。民事诉讼法是国家的基本法律，是规范民事诉讼程序的基本规则。12月，全国人大常委会修改民事诉讼法，将民事诉讼程序繁简分流改革试点工作中成熟可行的经验上升为法律规定，完善司法确认程序、小额诉讼的程序、简易程序、独任制适用范围、在线诉讼及送达规则等制度规定，有利于当事人充分、便捷、及时行使诉讼权利，提升人民法院纠纷化解能力，维护司法公正。

——加快生态文明领域立法。

制定湿地保护法。12月，全国人大常委会审议通过湿地保护法。该法贯彻习近平生态文明思想，坚持保护优先、系统治理、科学修复和合理利用，建立湿地保护、利用、修复、管理等一整套制度，推动湿地的系统保护和可持续利用，更好维护湿地生态功能及生物多样性。

制定噪声污染防治法。12月，全国人大常委会审议通过噪声污染防治法。该法以习近平生态文明思想为指导，重点解决人民群众反映强烈的工业、建筑施工、交通运输、社会生活领域噪声污染防治问题，维护人民生活环境和谐安宁。

——完善法治政府建设相关立法。

修订行政处罚法。行政处罚法是行政处罚领域的通用规范，为单行法律、法规设定行政处罚和行政机关实施行政处罚提供基本遵循。1 月，全国人大常委会修订行政处罚法，体现和巩固行政执法领域重大改革成果，增加综合行政执法制度，增加行政处罚权下放乡镇街道的规定，完善行政处罚程序，加大重点领域行政处罚力度，严格行政执法责任，更好地保障严格规范公正文明执法。

修改审计法。10 月，全国人大常委会修改审计法，扩展审计监督范围，优化审计监督手段，严格规范审计监督行为，明确审计整改和监督责任，保障审计机关依法独立行使审计监督权，更好发挥审计在党和国家监督体系中的重要作用。

2021 年，全国人大常委会还审议了期货和衍生品法、反电信网络诈骗法、黑土地保护法、黄河保护法、突发事件应对管理法草案、反垄断法、全国人大常委会议事规则修正草案，以及野生动物保护法、畜牧法、体育法、农产品质量安全法、公司法、职业教育法、妇女权益保障法修订草案等。其中，地方各级人民代表大会和地方各级人民政府组织法修正草案，关于第十四届全国人民代表大会代表名额和选举问题的决定草案，香港、澳门特别行政区选举第十四届全国人民代表大会代表的两个办法草案经12月的常委会会议审议后决定提请十三届全国人大五次会议审议。

（三）为相关领域深化改革提供法治保障

确保国家发展、重大改革于法有据。为贯彻党中央关于支持浦东新区高水平改革开放的决策部署，6月，全国人大常委会作出关于授权上海市人大及其常委会制定浦东新区法规的决定，授权上海市人大及其常委会制定浦东新区法规，为浦东改革开放提供法治保障。为稳妥推进房地产税立法与改革，10月，全国人大常委会作出关于授权国务院在部分地区开展房地产税改革试点工作的决定。

深化“证照分离”“放管服”改革，持续优化营商环境。4月，全国人大常委会作出关于授权国务院在自由贸易试验区暂时调整适用有关法律规定的决定。同月，全国人大常委会作出关于修改《中华人民共和国道路交通安全法》等8部法律的决定，一揽子打包修改道路交通安全法、消防法、进出口商品检验法、广告法、草原法、民用航空法、海关法、食品安全法。10月，全国人大常委会作出关于授权国务院在营商环境创新试点城市暂时调整适用《中华人民共和国计量法》有关规定的决定，进一步转变政府职能，优化营商环境，激发市场活力。

确保司法体制、国防动员体制等领域改革顺利实施。1月，全国人大常委会作出关于设立北京金融法院的决定，明确设立金融法院专门管辖金融民商事案件和涉金融行政案件，为实施国家金融战略营造良好金融法治环境。8月，全国人大常委会作出关于授权最高人民法院组织开展四级法院审级职能定位改革试点工作的决定，完善民事、行政案件级别管辖制度，案件管辖权转移和提级审理机制等规定，健全审判权力运行机制，保障法律正确统一适用。10月，全国人大常委会作出关于深化国防动员体制改革期间暂时调整适用相关法律规定的决定，完善国防动员体系，推进国防动员现代化建设。

将人大监督工作改革举措、成功经验和有效做法上升为法律规定。4月，全面修订全国人大常委会关于加强中央预算审查监督的决定，加强全口径审查和全过程监管，体现预算审查监督重点向支出预算和政策拓展的要求，强化对国有资本经营预算和对国有资产管理的监督。12月，全面修订全国人大常委会关于加强经济工作监督的决定，完善工作程序、内容、机制，切实增强人大经济工作监督的刚性和实效。

（四）在立法工作中践行全过程人民民主重大理念

全国人大常委会全面贯彻发展全过程人民民主要求，健全完善科学立法、民主立法、依法立法体制机制，扎实做好立法相关工作，在保证立法质量前提下加快立法步伐。一是充分发挥人大在立法工作中的主导作用。2021年，全国人大常委会审议的法律草案、决定草案中，由相关专门委员会、工作委员会起草或者牵头起草的有38件，超过草案总数的一半。二是坚持法律草案向社会公开征求意见。制定《关于加强和改进法律草案征求部门和地方意见工作的意见》，41件次法律草案及修改稿通过中国人大网向社会公开征求意见，收到114,409人次提出的485,724条意见。三是拓展代表参与立法工作的广度和深度。更多邀请全国人大代表参加常委会立法调研、起草、论证、评估等工作，全社会关注的重要法律草案专门征求相关领域全国人大代表的意见。四是加强基层立法联系点建设。建立第三批基层立法联系点，总数增至22个，覆盖全国三分之二省份，辐射带动地方建立立法联系点5000余个，架起基层群众与立法机关的“连心桥”。五是加强对地方立法工作的联系指导和工作协同。召开第二十七次全国地方立法工作座谈会。

（五）关于全国人大常委会的监督工作

2021年，全国人大常委会强化监督力度和实效，确保法律有效实施，确保行政权、监察权、审判权、检察权依法正确行使。一年来，共检查6部法律实施情况，听取审议24个报告，进行2次专题询问，开展7项专题调研。

——检查法律实施情况。

2021年，全国人大常委会检查了中医药法、企业破产法、畜牧法、固体废物污染环境防治法、公证法、消防法等6部法律实施情况，并结合审议固体废物污染环境防治法执法检查报告开展专题询问。

对中医药法，重点检查了中医药体制机制、服务体系和服务能力、中药材质量监管、中医药传承特色、人才培养和队伍建设、科研创新等情况，这是全国人大常委会首次对中医药领域法律实施情况进行检查，推动继承好、发展好、利用好中医药这一宝贵财富，助力健康中国建设。

对企业破产法，重点检查了企业破产法的贯彻实施、破产案件审判、管理人制度、企业破产中的政府协调机制建立运行、国有企业依法破产等情况，为加快企业破产法修改工作奠定基础，进一步优化营商环境，维护良好市场秩序。

对畜牧法，重点检查了政策保障体系、畜禽遗传资源保护、动物疫病防治、畜牧产业发展、质量安全监管等情况，推动畜牧业转型升级和持续健康发展。

对固体废物污染环境防治法，重点检查了配套法规制定实施、行政执法和司法保障、重点领域固体废物污染防治、法律宣传普及等情况，这是全国人大常委会连续第4年对生态环保领域重要法律实施情况进行检查，用法治方式巩固和深化污染防治攻坚战成果，以法治力量守护绿水青山。

对公证法，重点检查了公证职能作用发挥、体制机制改革、执业保障、监督管理、制度建设等情况，进一步促进公证法正确有效实施，推动公证事业高质量发展。

对消防法，重点检查了火灾预防、消防组织、灭火救援、监督检查、法律责任等内容，进一步规范和促进消防事业发展，维护人民群众人身财产安全和社会公共安全。

在开展执法检查和专题询问过程中，全国人大常委会组成人员分别就完善法律制度、推动法律实施、加强和改进相关工作等提出了意见和建议。国务院和有关部门高度重视这些意见和建议，提出并采取了一系列改进和落实的工作措施。

——听取和审议专项工作报告，开展专题询问和专题调研。

推动经济高质量发展。听取审议计划执行情况的报告，推动国务院和有关方面持续巩固拓展疫情防控和经济社会发展成果，构建新发展格局，推动高质量发展，扎实做好“六稳”工作，全面落实“六保”任务，确保完成全年目标任务。听取审议国务院关于财政交通运输资金分配和使用情况的报告，促进交通运输治理体系和治理能力现代化，支持加快建设人民满意、保障有力、世界前列的交通强国。围绕财政补贴管理与改革进行专题调研，推动有效市场和有为政府更好结合，进一步健全管理、深化改革，更好发挥财政补贴制度的重要引领支持和保障作用。

促进民生社会事业发展。听取审议国务院关于研究处理《全国人民代表大会常务委员会关于全面禁止非法野生动物交易、革除滥食野生动物陋习、切实保障人民群众生命健康安全的决定》和《中华人民共和国野生动物保护法》执法检查报告及审议意见情况的报告，这是对此前相关工作的跟踪问效。听取审议国务院关于建设现代综合交通运输体系有关工作情况的报告并开展专题询问，推动加快构建安全、便捷、高效、绿色、经济的现代化综合交通运输体系，支撑经济发展和民生不断改善。听取审议国务院关于文物工作和文物保护法实施情况的报告，推动新时代文物事业高质量发展，助力建设社会主义文化强国目标。听取审议国务院关于教师队伍建设和教师法实施情况的报告，坚持把加强教师队伍建设作为教育事业发展的基础性工作，推动加快建设教育强国、办好人民满意的教育。听取审议国务院关于加快构建新型农业经营体系推动小农户和现代农业发展有机衔接情况的报告，加快构建立体式复合型现代农业经营体系，逐步将小农户引入现代农业发展轨道，助力全面乡村振兴。围绕加强种质资源保护和育种创新情况进行专题调研，并听取审议调研报告，推动实施种业振兴行动方案，助力打好种业翻身仗。围绕进一步发挥海外侨胞在共建"一带一路"中的重要作用进行专题调研，推动"一带一路"建设行稳致远。围绕促进人口较少民族经济社会发展情况进行专题调研，推动民族地区高质量发展，确保在全面建设社会主义现代化国家进程中，一个民族都不能少。

持续加强生态环境保护。听取审议国务院关于2020年度环境状况和环境保护目标完成情况、研究处理土壤污染防治法执法检查报告及审议意见情况、依法打好污染防治攻坚战工作情况的报告，推动生态环境质量持续改善，助力推进生态文明建设，打好污染防治攻坚战。听取审议国务院关于长江流域生态环境保护工作情况的报告，推动各地区各方面深入贯彻习近平生态文明思想，共抓大保护、不搞大开发，推动长江经济带生态环境保护发生转折性变化。听取审议国务院关于雄安新区和白洋淀生态保护工作情况的报告，充分发挥法治对雄安新区和白洋淀生态保护的保障作用。围绕以国家公园为主体的自然保护地体系建设情况进行专题调研，推动重大制度创新加快落地见效，促进生态文明和美丽中国建设，实现中华民族永续发展。

加强对执法、监察、司法工作的监督。听取审议国务院关于“七五”普法决议贯彻落实情况的报告，推动全社会尊法学法守法用法。听取审议最高人民法院关于民事诉讼程序繁简分流改革试点情况的中期报告，促进提升司法效能，更好满足人民群众高效、便捷、公正解决纠纷的需求。听取审议最高人民法院关于人民法院知识产权审判工作情况的报告，充分发挥知识产权审判职能作用，全面推进知识产权审判事业高质量发展，为加快建设知识产权强国提供有力司法服务。听取审议最高人民检察院关于人民检察院办理控告申诉案件工作情况的报告，推动司法更加积极主动回应人民群众急难愁盼问题，有力维护社会公正，提升人民群众司法获得感和幸福感。围绕推进监察监督全覆盖情况进行专题调研，持续深化国家监察体制改革。围绕设区的市地方立法在维护国家法制统一中的作用进行专题调研，推动地方立法高质量发展，增强立法工作整体实效。

——加强人大预算决算审查监督和国有资产管理情况监督工作。

听取审议中央决算报告、审计工作报告、预算执行情况报告、审计查出问题整改情况报告，审查批准2020年中央决算，推动积极的财政政策全面落实，推进财税体制改革与财政管理，有力保障疫情防控和经济社会发展、民生持续改善。国务院审计部门首次向全国人大常委会提交国有资产审计专项报告。贯彻落实《关于加强地方人大对政府债务审查监督的意见》，出台具体实施意见，切实推动地方人大加强对政府债务的审查监督。

结合听取审议国务院关于2020年度国有资产管理情况的综合报告，听取审议国务院关于2020年度国有自然资源资产管理情况的专项报告，全面盘查、摸底国有自然资源资产，推动健全国家自然资源资产管理体制，为生态文明建设提供有力保障。这是全国人大常委会连续第4年审议国务院关于国有资产管理情况的年度综合报告和专项报告，推动国务院基本摸清国有资产家底，实现企业国有资产、金融企业国有资产、行政事业性国有资产、国有自然资源资产四大类别国有资产管理情况监督全覆盖。

——做好规范性文件备案审查工作。制定关于建立健全备案审查衔接联动机制的若干规定，修订法规、司法解释备案审查工作规程，成立备案审查专家委员会。

全年审查报送备案的行政法规、监察法规、地方性法规、自治条例和单行条例、经济特区法规、司法解释、特别行政区法律等1921件，研究处理公民、组织提出的审查建议6339件，做到有件必备、有备必审、有错必纠。对长江保护、行政处罚、人口与计划生育领域的法规、规章、规范性文件进行集中清理，有重点地开展专项审查。持续推动地方人大加强备案审查信息化建设，推动省级人大常委会在完善备案审查信息平台基础上逐步开展法规规章规范性文件数据库建设。

二、关于依法行政

2021年，中国政府继续推进法治政府建设和治理创新，促进经济快速发展，保持社会和谐稳定。

（一）国务院立法工作

2021年，国务院提请全国人大常委会审议法律议案15件，制定行政法规9部，修改行政法规6部，废止行政法规3部。国务院提请全国人大常委会审议批准的条约和国务院核准的条约14件。

——制定《防范和处置非法集资条例》。为防范和处置非法集资，保护社会公众合法权益，防范化解金融风险，维护经济秩序和社会稳定，1月，国务院公布《防范和处置非法集资条例》，自2021年5月1日起施行。条例对非法集资的定义和常见形式及防范和处置非法集资的原则、工作机制和职责作出明确规定，加强市场主体登记管理，加强对涉嫌非法集资的广告及互联网信息和应用的监测，建立非法集资监测预警机制，完善行政调查和处置措施、非法集资资金清退等，突出运用法治方式加强重点领域监管，推动形成齐抓共管、群防群治、各尽其责、通力协作的非法集资综合治理格局。

——制定《关键信息基础设施安全保护条例》。为保障关键信息基础设施安全，维护网络安全，进一步落实《中华人民共和国网络安全法》有关要求，7月，国务院公布《关键信息基础设施安全保护条例》，自2021年9月1日起施行。条例针对关键信息基础设施安全保护工作实践中的突出问题，细化网络安全法有关规定，将实践证明成熟有效的做法上升为法律制度。坚持综合协调、分工负责、依法保护，强化和落实关键信息基础设施运营者主体责任，充分发挥政府及社会各方面作用，为深入开展关键信息基础设施安全保护工作提供有力法治保障。

——制定《中华人民共和国市场主体登记管理条例》。为规范市场主体登记管理行为，推进法治化市场建设，维护良好市场秩序和市场主体合法权益，优化营商环境，7月，国务院公布《中华人民共和国市场主体登记管理条例》，自2022年3月1日起施行。条例深入贯彻落实党中央、国务院关于深化“放管服”改革的决策部署，进一步完善市场监管法规制度，坚持依法规范市场主体登记工作，统一各类市场主体登记的制度规则，坚持问题导向，对各方面高度关注的登记材料繁杂、市场主体“注销难”、虚假登记等突出问题作出有针对性的规定。

——制定《地下水管理条例》。为加强地下水管理，防治地下水超采和污染，保障地下水质量和可持续利用，推进生态文明建设，10月，国务院公布《地下水管理条例》，自2021年12月1日起施行。条例从地下水状况调查评价与规划编制、节约与保护、超采治理以及防范地下水污染、加强地下水监督管理、法律责任等方面作出规定，为强化地下水管理提供法律规范和制度保障。

——制定《证券期货行政执法当事人承诺制度实施办法》。为规范证券期货领域行政执法当事人承诺制度的实施，保护投资者合法权益，维护市场秩序，提高行政执法效能，10月，国务院公布《证券期货行政执法当事人承诺制度实施办法》，自2022年1月1日起施行。实施办法通过明确基本流程、严格限定适用范围、健全监督制约机制来规范行政执法当事人承诺制度的实施，确保制度公开公平公正实施，切实保护投资者合法权益，维护市场秩序，提高执法效能。

——修订《中华人民共和国民办教育促进法实施条例》。为贯彻落实修改后的《中华人民共和国民办教育促进法》，细化法律规定，增强可操作性，4月，国务院修订《中华人民共和国民办教育促进法实施条例》，自2021年9月1日起施行。修订后的条例坚持支持与规范并重，完善民办教育相关制度，加强党对民办教育学校的领导，进一步支持和规范社会力量兴办教育，维护民办学校及其受教育者、教职工、举办者等主体合法权益，促进民办教育持续健康发展。

——修订《生猪屠宰管理条例》。为加强生猪屠宰管理，保证生猪产品质量安全，保障人民身体健康，6月，国务院修订《生猪屠宰管理条例》，自2021年8月1日起施行。修订后的条例在总结实践经验的基础上，切实贯彻落实习近平总书记关于“最严谨的标准、最严格的监管、最严厉的处罚、最严肃的问责”的要求，明确规定生猪定点屠宰厂（场）对其生产的生猪产品质量安全负责，突出全过程管理要求，进一步完善生猪屠宰环节各项管理制度。

——修订《中华人民共和国土地管理法实施条例》。为增强《中华人民共和国土地管理法》等法律制度的可操作性，确保党中央、国务院关于土地制度改革的决策部署落实到位，7月，国务院修订《中华人民共和国土地管理法实施条例》，自2021年9月1日起施行。修订后的条例在土地管理法确定的制度框架下，聚焦土地征收、集体经营性建设用地入市、宅基地管理等重点问题，进一步细化相关制度举措，强化对耕地的保护，针对耕地“非农化”“非粮化”以及“合村并居”中违背农民意愿等突出问题，进一步明确制度边界，强化法律责任，确保土地管理法得到全面贯彻落实。

2021年，国务院还制定了《排污许可管理条例》《医疗保障基金使用监督管理条例》《行政事业性国有资产管理条例》《建设工程抗震管理条例》等行政法规，修改了《医疗器械监督管理条例》《粮食流通管理条例》《中华人民共和国烟草专卖法实施条例》等行政法规。

（二）依法行政工作

——开展法治政府建设督察工作。围绕学习宣传贯彻习近平法治思想和中央全面依法治国工作会议精神，聚焦法治政府建设全面推进情况，由中央依法治国办牵头，会同中央纪委国家监委、中组部等24家中央国家机关组成8个督察组，由省部级干部带队，对北京、天津、吉林、安徽、湖南、广东、重庆、宁夏开展实地督察。督察组深入106个地市（县、区），走访、暗访、突查相关单位374家，访谈地方党政负责同志、一线工作人员和干部群众1988人次，核查案卷、资料5200余件，发现并推动整改问题，切实推进法治政府建设取得实效。

——启动第二批全国法治政府建设示范创建活动。为做好2021年全国法治政府建设示范创建活动，树立更多新时代法治政府建设新标杆，8月，中央依法治国办印发《关于开展2021年全国法治政府建设示范创建活动的实施方案》和《市县法治政府建设示范指标体系》

(2021年版)。各省(区、市)共推荐综合候选地区87个、单项候选项目149个。

——加强法规规章备案审查工作。坚持“有件必备、有备必审、有错必纠”。2021年，对各地区、各部门报送国务院备案的1939件法规规章，依法逐件进行审查，暂缓备案登记39件，存在问题的均按照法定权限和程序作出处理。扎实推进备案审查制度和能力建设，研究启动《法规规章备案条例》修订工作，认真落实备案审查衔接联动机制，充分发挥法规规章备案审查专家委员会作用，建成备案法规规章数据库，为社会公众提供备案法规规章信息查询服务，全面提高备案审查工作质效。

——提升行政执法规范化水平。12月，国务院印发《关于进一步贯彻实施〈中华人民共和国行政处罚法〉的通知》，组织开展涉及行政处罚法内容以及不合理罚款规定的专项清理。2021年，司法部推进省市县乡四级全覆盖的行政执法协调监督工作体系建设，加快推进全国行政执法综合管理监督信息系统建设，加强行政执法信息数据治理；印发《关于全面推行行政执法三项制度行政规范性文件合法性审核机制落实情况专项监督行动情况的通报》，督促指导各地持续推进行政规范性文件合法性审核机制建设；启动行政规范性文件合法性审核工作指导性案例征集工作，推动长三角区域行政规范性文件合法性审核机制一体化建设，进一步加强对行政规范性文件制定和监督管理的指导；进一步规范行政裁量权基准制定和管理工作，建立健全行政执法指导案例制度；在中国法律服务网客户端开设“行政执法监督批评建议”专栏，2021年共收到批评建议489件，已办结463件，正在处理26件。

——加强行政复议、应诉和行政裁决工作。2021年，全国各级行政复议机关共办结行政复议案件25.4万件。办结的立案受理案件中，作出撤销、变更、确认违法和责令履行决定等纠错决定2.9万件，纠错率为13.3%；针对办案中发现的共性违法问题，制发行政复议意见书3911份，充分发挥行政复议监督依法行政、推动法治政府建设的重要作用。办结国务院行政复议案件6046件，针对办案中发现的执法突出问题约谈有关责任单位11次，切实提升“关键少数”依法行政意识，从源头上规范相关领域执法行为。深入推进行政复议体制改革，30个省（区、市）已出台本地区的改革实施方案，其中23个省（区、市）完成省市县三级行政复议体制整合，实现地方各级政府统一行使行政复议职责，推动行政复议体制更加公正权威、统一高效。坚持以人民为中心的发展思想，开展“复议为民促和谐”专项行动，各地行政复议机构共排查出涉及群众切身利益、长期未得到解决的行政争议6.64万件，实质性化解5.39

万件，有力促进社会公平正义与和谐稳定。司法部报请国务院办公厅转发《关于审理政府信息公开行政复议案件若干问题的指导意见》，统一政府信息公开领域案件审理标准，助力提升政府信息公开工作水平。全国各级行政机关积极履行行政应诉法定职责，支持人民法院依法审结一审行政诉讼案件21.9万件，负责人出庭率达41.8%。推动做好行政裁决重点领域的示范建设工作，国家知识产权局办公室、司法部办公厅联合印发《关于推介全国专利侵权纠纷行政裁决建设经验做法的通知》。

——全面推行证明事项告知承诺制。各地区、各部门认真贯彻落实《国务院办公厅关于全面推行证明事项和涉企经营许可事项告知承诺制的指导意见》。司法部组织各地区、各部门推选、报送证明事项告知承诺制典型案例，持续运行“群众批评——证明事项清理投诉监督平台”，及时转办、研究解决人民群众投诉的有关问题。2021年，共收到涉及证明事项投诉126件，督促办结96件。

三、关于政法领域改革

2021年，中国政法领域改革统筹制度建设和制度运行，强化系统集成、协同高效，不断提升执法司法公信力，努力让人民群众在每一起案件办理、每一件事情处理中都能感受到公平正义。

（一）完善执法司法制约监督制度

聚焦执法不严、司法不公、执法司法腐败时有发生这一顽瘴痼疾，中央政法委印发《关于加强政法领域执法司法制约监督制度机制建设的意见》，围绕党对执法司法工作的领导监督、政法部门之间制约监督、政法各系统内部制约监督、社会监督、智能化管理监督等提出一系列举措，着力从制度上补齐制约监督不到位这一短板，推动构建上下贯通、内外结合、系统完备、规范高效的执法司法制约监督体系。

——健全法院审级监督制度。按照《全国人民代表大会常务委员会关于授权最高人民法院组织开展四级法院审级职能定位改革试点工作的决定》，自2021年9月起，最高人民法院和北京、天津、辽宁、上海、江苏、浙江、山东、河南、广东、四川、重庆、陕西12个省、直辖市人民法院开展为期2年的四级法院审级职能定位改革试点工作，加强审级制约监督体系建设。最高人民法院出台《关于进一步完善“四类案件”监督管理工作机制的指导意见》，重申组织化行权、全过程留痕原则，规范“四类案件”的识别流程、分案要求、监督模式、平台建设和考核机制；出台《最高人民法院统一法律适用工作实施办法》，完善类案检索的情形、范围和参考标准，健全具体法律适用问题解决机制，推进统一法律适用平台及数据库建设。

——健全检察机关法律监督制度。首次以“中共中央文件”形式印发《中共中央关于加强新时代检察机关法律监督工作的意见》，要求充分发挥法律监督职能作用，为大局服务、为人民司法；全面提升法律监督质量和效果，维护司法公正；加强过硬检察队伍建设，全面落实司法责任制；加强对检察机关法律监督工作的组织保障。这是习近平法治思想在检察机关法律监督工作中的具体体现，是当前和今后一个时期检察工作的纲领性文件。

——健全公安机关执法监督制度。公安部印发《关于深入推进公安机关执法监督管理机制改革的意见》，对构建公安执法权力运行全流程、全要素管理体系，推进受案立案制度改革、健全法制审核制度、落实行政裁量权基准制度等作出全面规定，为深化执法规范化建设提供重要切入点和有力抓手。

——健全政法队伍管理监督制度。深入贯彻落实防止干预司法“三个规定”，中央政法委分3批次向社会公开通报违反“三个规定”典型案件，建立贯通各级政法单位的“三个规定”记录报告平台，健全对记录违法过问案件情况的保护机制。针对政法队伍教育整顿暴露的问题，出台进一步推动市县级政法机关领导干部交流，规范政法干警配偶、子女及其配偶经商办企业行为，健全禁止法官、检察官与律师不正当接触交往，规范政法干警离职从业管理工作，规范法院、检察院离任人员从事律师职业等方面文件，用制度管好关键人、管到关键处、管住关键事。

（二）加快构建执法司法责任体系

针对扫黑除恶和全国政法队伍教育整顿暴露出的突出问题，加快推进执法司法责任体系改革和建设，确保权力在制度的框架内运行、在责任的约束下行使。

——全面部署推进。7月，中央政法委以加快推进执法司法责任体系改革和建设为主题，组织召开政法领域全面深化改革推进会，中共中央政治局委员、中央政法委书记郭声琨出席会议并讲话，对遵循执法权力运行规律，按照职权法定、权责一致原则，科学界定主体明确、范围明晰、层次分明的执法司法责任，作出全面部署。中央政法委出台《关于加快推进政法领域执法司法责任体系改革和建设的指导意见》，细化规定执法司法政治责任、办案责任、监管责任，并对健全执法司法责任落实机制提出要求。

——系统贯彻落实。最高人民法院、最高人民检察院、公安部、司法部分别组织召开会议，立足本系统实际，对贯彻落实政法领域全面深化改革推进会精神，加快构建涉及政治、办案、监管、指导各方面，贯通侦查、检察、审判、执行各环节，覆盖刑事、民事、行政、民事执行、公益诉讼各领域的执法司法责任链，作出针对性安排。

——加强制度保障。最高人民法院、最高人民检察院分别制定《法官惩戒工作程序规定（试行）》《检察官惩戒工作程序规定（试行）》，规范惩戒委员会组成、违法办案线索受理、调查核实、提请审议、作出惩戒决定以及当事法官、检察官申诉复核、权利救济等相关工作的办理程序，为保护法官、检察官依法履行职责、追究违法办案责任提供制度依据。公安部、司法部等结合本系统实际，制定加强执法司法责任体系的改革文件，进一步夯实有权必有责、用权必担责、失职必问责、滥权必追责的制度保障。

（三）深化诉讼制度改革

着眼于全面促进司法公正、提升程序效能，不断完善诉讼规则、优化资源配置、激发制度活力，逐步形成具有中国特色、体现时代特征、回应群众期待的纠纷化解新模式。

——构建诉源治理机制。中央深改委审议通过《关于加强诉源治理推动矛盾纠纷源头化解的意见》，对加强源头预防、前端化解、关口把控作出系统规定，推动形成调解、仲裁、公证、行政裁决、行政复议、诉讼等有机衔接、相互协调的多元化纠纷解决体系，不断拓展诉源治理领域，形成诉源治理的强大合力。最高人民法院全面建成中国特色一站式多元纠纷解决和诉讼服务体系，6.3 万个调解组织和 26 万名调解员入驻调解平台，全国法院在线调解纠纷超过1000 万件。检察机关持续做实群众信访“件件有回复”，信访形势明显好转，2021年信访总量、重复信访量、到最高人民检察院信访量较2019 年分别下降 4.7%、7.5% 和 8.9%，“家门口检察院”受到信任，县级检察院受理信访占比从 24.5% 升至29.8%，信访“倒三角”结构持续改善。全国人大常委会听取办理控告申诉案件专项报告，予以充分肯定。

——推进繁简分流改革。按照《全国人民代表大会常务委员会关于授权最高人民法院在部分地区开展民事诉讼程序繁简分流改革试点工作的决定》部署要求，顺利完成民事诉讼程序繁简分流改革试点，全国人大常委会审议通过民事诉讼法修正草案，将完善小额诉讼的程序、完善简易程序适用规则、有序扩大独任制和司法确认程序适用范围、推进和规范在线诉讼、优化电子送达适用规则等试点成果上升为制度，实现案件繁简分流、轻重分离、快慢分道。最高人民法院、最高人民检察院分别印发《最高人民法院关于推进行政诉讼程序繁简分流改革的意见》《人民检察院行政诉讼监督规则》等文件，完善行政诉讼案件繁简分流制度，规范行政诉讼监督案件办理机制，加强行政争议实质性化解。最高人民法院出台在线诉讼、在线调解、在线运行三大规则，填补在线诉讼制度空白。2021 年，全国法院在线立案 1143.9 万件，在线开庭 127.5 万场。

——完善刑事诉讼制度。国家监委与最高人民法院、最高人民检察院、公安部联合印发《关于加强和完善监察执法与刑事司法衔接机制的意见（试行）》，进一步推进“法法衔接”工作规范化、法治化。最高人民检察院出台《人民检察院办理认罪认罚案件开展量刑建议工作的指导意见》《人民检察院办理认罪认罚案件听取意见同步录音录像规定》，进一步规范认罪认罚案件办理程序，认罪认罚从宽制度适用率超过 85%，一审服判率 96.5%。坚持“宽严相济”刑事司法政策，贯彻少捕慎诉慎押理念，最高人民检察院部署开展羁押必要性审查专项活动，印发少捕慎诉慎押典型案例，诉前羁押率从2018年的54.9%下降至2021年的42.7%。最高人民检察院、公安部联合出台《关于健全完善侦查监督与协作配合机制的意见》，共同设立侦查监督与协作配合办公室，有力促进侦查办案质量提升。

——规范减刑、假释、暂予监外执行。最高人民法院、最高人民检察院、公安部、司法部联合印发《关于加强减刑、假释案件实质化审理的意见》，从准确把握实质化审理基本要求、严格审查实体条件、切实强化案件办理程序机制、大力加强监督指导及工作保障等四个方面，进一步细化减刑、假释案件实质化审理的工作要求。最高人民检察院出台《人民检察院巡回检察工作规定》，进一步规范监狱、看守所巡回检察工作，保障被监管人合法权益，维护监管秩序稳定，纠防冤错案件，保障国家法律在刑罚执行和监管活动中正确实施。司法部出台《监狱计分考核罪犯工作规定》，规范监狱计分考核罪犯工作，科学衡量罪犯改造质量，调动罪犯改造积极性。

（四）提升执法司法公共服务水平

坚持把政法工作放到党和国家工作大局中谋划，更好发挥法治固根本、稳预期、利长远的重要作用，为服务党和国家中心工作、推动高质量发展提供有力保障和优质服务，切实提升人民群众满意度、获得感。

——深化政法公共服务改革。公安部出台10项引进外籍人才便利措施，实施便利老年人办理出入境证件系列措施；全面实施5个户口迁移事项“跨省通办”，顺利实施因疫情无法回国人员委托国内近亲属代办身份证换领手续的便利措施，将公安机关12项涉企经营许可事项全部纳入“证照分离”改革；推出机动车驾驶证电子化、私家车新车上牌免查验、小客车登记全国“一证通办”等21项便民利企新措施，制修订《机动车驾驶证申领和使用规定》等3个部门规章；全面建成公安部“互联网+政务服务”平台2.0，发布全国各级公安机关政务服务业务办理项7万余项，其中，5.5万项业务实现“最多跑一次”，人民群众获得感进一步提升。最高人民检察院连续两年会商司法部、全国律协，四级检察院同步落实，尊重、支持律师履职；从严监督纠正执法司法人员侵犯律师执业权利1770件，同比上升84.8%；全面试点律师互联网阅卷，查阅案卷“一次也不用跑”；与司法部等出台指导意见，规范检律交往、离任检察人员从事律师职业；中国检察官协会与全国律协共同倡议“亲”不逾矩、“清”不远疏。司法部制定《全国公共法律服务体系建设规划（2021—2025年）》，大力推进公共法律服务实体、网络、热线三大平台融合发展，全国共建成省、市、县、乡、村五级公共法律服务中心（工作站、室）57万个，每年提供法律咨询、法律服务、调解等各类服务1800多万件次；进一步加强律师权益保障，积极推进律师互联网阅卷试点，印发《关于优化公证服务更好利企便民的意见》《关于深化公证体制机制改革 促进公证事业健康发展的意见》，调整公证机构执业区域，推进部分公证事项“跨省通办”，研究开展仲裁机构内部治理结构综合改革，健全司法鉴定机构与鉴定人管理制度，顺利完成疫情防控常态化下法律职业资格考试，法律服务能力水平持续提升。

——服务经济社会高质量发展。根据中央深改委审议通过的《关于设立北京金融法院的方案》和全国人大常委会作出的关于设立北京金融法院的决定，设立北京金融法院，更好服务和保障金融改革，促进经济与金融良性循环和健康发展。加强最高人民法院国际商事法庭建设，审理一批有影响力的国际商事案件，上线运行“一站式”国际商事纠纷多元化解信息化平台。司法部会同有关方面，研究加快培育一批国际一流的仲裁机构、律师事务所，推动国际商事仲裁中心建设。最高人民检察院设立驻中国证监会检察室，联合公安部、中国证监会专项惩治证券违法犯罪，积极参与金融风险防范化解。继2020年最高人民检察院组建知识产权检察办公室，北京、海南等20个省级检察院深化知识产权刑事、民事、行政检察一体化履职，强化知识产权综合保护。

——加强公益诉讼工作。最高人民法院建立公益诉讼损害赔偿专项基金制度，制定发布关于生态环境侵权案件适用禁止令保全措施、惩罚性赔偿的司法解释，落实谁污染谁治理、谁破坏谁赔偿，保障生态修复资金专款专用。最高人民检察院印发《人民检察院公益诉讼办案规则》，推动建立长江流域省界断面跨区划管辖行政公益诉讼协作机制，联合有关单位发布安全生产、红色资源保护、无障碍环境建设等方面检察公益诉讼典型案例，开展县级以下烈士纪念设施保护公益诉讼专项活动。公益诉讼案件范围不断拓展，英雄烈士保护法、未成年人保护法、军人地位和权益保障法、安全生产法、个人信息保护法制定修改时，均写入公益诉讼检察条款，公益司法保护中国方案备受瞩目。

四、关于审判、检察、公安和司法行政工作

（一）审判工作

2021年，最高人民法院受理案件33,602件，审结28,720件；地方各级人民法院和专门人民法院受理案件3351.6万件，审结、执结3010.4万件，结案标的额8.3万亿元。

——刑事审判工作。2021年，各级法院审结一审刑事案件125.6万件，判处罪犯171.5万人。严惩煽动颠覆国家政权、间谍窃密、邪教等犯罪，坚决维护国家政权安全、制度安全。审结杀人、放火、抢劫等严重暴力犯罪案件4.9万件。审结涉枪涉爆犯罪相关案件9984件。审结毒品犯罪案件5.6万件。依法维护疫情防控秩序，审结涉疫犯罪案件9653件。健全常态化扫黑除恶机制，防止黑恶势力“死灰复燃”，审结涉黑涉恶犯罪案件3409件18,360人；推进黑财清底，执行到位财产刑及追缴、没收违法所得405.7亿元。依法惩治腐败犯罪，审结贪污贿赂、渎职等案件2.3万件2.7万人；加大职务犯罪赃款赃物追缴力度，实际追缴到位596.6亿元。

审结操纵市场、内幕交易、非法集资、洗钱等犯罪案件1.3万件。维护互联网安全，审结网络传销、网络赌博、非法利用信息网络等犯罪案件9.2万件。维护群众生产安全，审结重大责任事故等犯罪案件2031件；守护百姓餐桌安全、用药安全，审结危害食品药品安全犯罪案件6002件；维护群众出行安全，审结危险驾驶犯罪案件34.8万件。严惩电信网络诈骗犯罪，审结相关案件7.9万件14.9万人，对“5·09”特大跨境电信网络诈骗案590名被告人判处刑罚。

——民事商事审判工作。2021年，各级法院审结一审民商事案件1574.6万件。促进保障和改善民生，审结涉及教育、就业、医疗、养老、消费、社会保障等案件154万件。审结婚姻家庭案件183.1万件。妥善处理因疫情引发的劳资用工、购销合同、商铺租赁等纠纷，审结涉疫民商事案件14.2万件。审结破产案件1.3万件，涉及债权2.3万亿元；审结破产重整案件732件，盘活资产1.5万亿元，让745家困境企业再获新生，35万名员工稳住就业。依法处理涉供应链金融、不良资产处置、私募投资基金等纠纷，防范化解金融风险，审结金融纠纷案件155.3万件。审结一审环境资源案件26.5万件。审结一审涉外民商事案件2.1万件、海事案件1.4万件。

——行政审判、国家赔偿工作。2021年，各级法院共审结一审行政案件29.8万件，审结行政许可、行政协议案件2.1万件，服务深化“放管服”改革。审结国家赔偿与司法救助案件6.53万件。

——执行工作。2021年，全国法院受理执行案件949.3万件，执结864.2万件，执行到位金额1.94万亿元。打通查人找物、财产变现、协同联动、精准惩戒、打击拒执等方面堵点，使守信者受益、失信者受限。会同自然资源部提升土地查封处置效率。会同民航局治理限高人员通过“黄牛”违规购票规避执行。会同证监会规范上市公司质押股票冻结。网络查控案件1971万件，网络拍卖成交4323亿元，同比分别增长34.6%和7.4%。开展执行款物集中清理、高效为民执行、涉民营企业积案攻坚等专项行动，执行到位涉民生、涉小微企业、涉10万元以下小标的案件案款898.4亿元。

——审判监督工作和立案信访。2021年，按照审判监督程序再审改判刑事案件2215件。加强产权司法保护，再审纠正涉企刑事冤错案件30件39人。建立覆盖四级法院的网上申诉信访平台，畅通群众诉求表达“直通车”，有访必录、有信必录。集中治理重复信访，化解信访积案3739件。完善分调裁审机制，全国法院诉讼服务中心全部设立速裁工作室，速裁快审案件871.5万件。739个法院推出24小时诉讼服务。

——司法解释与案例指导工作。2021年，最高人民法院共制定司法解释24件，其中单独出台21件，与最高人民检察院联合出台3件；发布指导性案例31个，为法律正确实施发挥积极作用。发布《最高人民法院　最高人民检察院关于办理窝藏、包庇刑事案件适用法律若干问题的解释》《最高人民法院　最高人民检察院关于办理危害食品安全刑事案件适用法律若干问题的解释》等，指导正确处理刑事司法工作中重大复杂问题；发布《最高人民法院关于审理银行卡民事纠纷案件若干问题的规定》《最高人民法院关于审理使用人脸识别技术处理个人信息相关民事案件适用法律若干问题的规定》《最高人民法院关于生态环境侵权案件适用禁止令保全措施的若干规定》等，指导妥善处理经济社会发展和民生领域的新情况、新问题；公布《最高人民法院关于办理行政申请再审案件若干问题的规定》《最高人民法院关于审理国家赔偿案件确定精神损害赔偿责任适用法律若干问题的解释》等，指导妥善处理行政诉讼领域的新情况、新问题。

（二）检察工作

2021年是党绝对领导下的人民检察制度创立90周年。全国检察机关坚持以习近平新时代中国特色社会主义思想为指导，深入贯彻习近平法治思想，认真落实《中共中央关于加强新时代检察机关法律监督工作的意见》，以高度的政治自觉、法治自觉、检察自觉，依法能动履职，推进刑事、民事、行政、公益诉讼检察工作全面协调充分发展，共办理各类案件 363.7 万件，同比上升 20.9%。最高人民检察院制定司法解释及司法解释性质文件 19 件，制发指导性案例 8 批 37 件、典型案例 76 批 563 件。

——积极服务党和国家工作大局。

坚决维护国家安全和社会安定。全国检察机关全年批准逮捕各类犯罪嫌疑人 86.8 万人，提起公诉 174.9 万人。常态化开展扫黑除恶斗争，坚持打早打小、促进常治长效，把三年专项斗争始终坚守的“是黑恶犯罪一个不放过、不是黑恶犯罪一个不凑数”融入日常。配合公安机关持续开展“打拐”“团圆”行动，严惩拐卖人口犯罪，深挖历史积案。推进常态化依法战疫，深化运用疫情初期发布的 10 批 55 件涉疫典型案例，接续发布伪造疫苗接种证明犯罪等 5 批 24 件典型案例，维护良好防疫秩序，起诉涉疫犯罪 4078 人，同比下降 63.7%。

着力营造安商惠企法治化营商环境。起诉破坏市场经济秩序犯罪 13.4 万人；力防企业因案陷入困境，根据具体案件性质、情节和对社会的危害程度，持续落实对企业负责人涉经营类犯罪依法能不捕的不捕、能不诉的不诉、能不判实刑的提出适用缓刑建议等检察政策；涉企等单位犯罪不起诉率 38%，同比增加 5.9 个百分点。

进一步抓实在辽宁、江苏、广东等10个省市检察机关开展的涉案企业合规改革试点：依法可不捕、不诉的，责成涉案企业作出合规承诺、切实整改；与国务院国资委、全国工商联等8部门共建第三方监督评估机制，司法、执法、行业监管联手，以严管体现厚爱；持续专项清理涉企“挂案”，坚决落实疑罪从无，商司法部在天津、重庆、四川等11个省区市试点，允许遵守监督管理规定、表现良好的社区矫正对象临时赴外地从事生产经营活动。弹性监管融入信任，更利改造、更利发展。

积极推动金融风险防范化解。设立驻中国证监会检察室，联合公安部、中国证监会专项惩治证券违法犯罪，集中办理19起重大案件；起诉金融诈骗、破坏金融管理秩序犯罪4.3万人；会同公安部督办36起重大非法集资案；协同中国人民银行发布典型案例，起诉洗钱犯罪1262人。

合力推进反腐败斗争。受理各级监委移送职务犯罪20,754人，已起诉16,693人；与国家监委等共同推进受贿行贿一起查，起诉受贿犯罪9083人、行贿犯罪2689人。对23名原省部级干部提起公诉。对17名逃匿、死亡贪污贿赂犯罪嫌疑人启动违法所得没收程序。

倾力服务创新驱动发展。跟进最高人民检察院组建知识产权检察办公室，北京、海南、陕西等20个省级检察院深化知识产权刑事、民事、行政检察一体履职，强化综合保护；起诉侵犯知识产权犯罪1.4万人；起诉侵犯商业秘密犯罪121人；办理知识产权民事行政诉讼监督案件544件。

积极推进网络依法治理。起诉利用网络实施诈骗、赌博、传播淫秽物品等犯罪28.2万人；协同推进“断卡”行动，起诉非法买卖电话卡和银行卡、帮助提款转账等犯罪12.9万人；继取快递女子被造谣出轨案自诉转公诉，接续发布公民人格权保护指导性案例；从严追诉网络诽谤、侮辱、侵犯公民个人信息等严重危害社会秩序、侵犯公民权利犯罪，起诉3436人；注重源头防范，办理个人信息保护领域公益诉讼2000余件。

助力美丽中国建设。从严追诉破坏生态环境资源犯罪，起诉4.9万人，8年来首次下降；办理生态环境和资源保护领域公益诉讼8.8万件，督促修复被损毁耕地、林地、草原43万亩，督促修复被污染土壤47.8万亩，追索环境损害赔偿金5.9亿元。南四湖水域泽及鲁苏豫皖四省，因上下游、左右岸治理标准不一，多重污染交织，严重影响群众生产生活。最高人民检察院直接立案，调用四省检察官办案，助力地方政府携手治理，统一污水排放标准及保护区煤矿退出方案，清理固废垃圾，拆除违章建筑，取缔违法养殖，历时10个月初现一湖碧水。

积极参与涉外法治建设。办理涉外刑事案件5691

件、刑事司法协助案件178件，平等保护中外当事人合法权益，有力维护国家主权、安全、发展利益。

——用心用情践行司法为民。

守护人民群众美好生活。起诉制售有毒有害食品、假药劣药等犯罪1.1万人；办理食药安全领域公益诉讼3万件，督促查处假冒伪劣食品48万千克、假药劣药1448千克；持续落实“四号检察建议”，督促整改窨井安全隐患93万处。

做实群众信访“件件有回复”。2019至2021年收到的279万件信访均在7日内告知“已收到、谁在办”，3个月内办理情况答复率超过90%，狠抓领导干部带头办理疑难复杂信访案件，基层检察院受理首次信访全部由院领导办理；全面推开检察公开听证，对争议大、影响性案件，邀请人大代表、政协委员、专家学者等参与评议，是非曲直大家听，“法结”“心结”一起解，全年听证10.5万件，信访案件听证化解率76.5%。

努力让孩子们更好成长。落实未成年人保护法，以司法保护融入家庭、学校、社会、网络和政府保护，形成合力，让“1+5>6”，共同把未成年人保护工作做得更实；针对监护人侵害行为，支持起诉、建议撤销监护人资格758件，针对严重监护失职，发出督促监护令1.9万份；持续落实“一号检察建议”，通过强制报告办理侵害未成年人案件1657件，对未履行报告义务促整改、追责459件；推动密切接触未成年人行业入职查询749万人次，解聘2900名有前科劣迹人员；从严追诉性侵、虐待等侵害未成年人犯罪6.1万人；最大限度教育感化挽救涉罪未成年人，依法决定附条件不起诉2万人，占结案未成年人总数29.7%；起诉较严重犯罪未成年人3.5万人，同比上升6%，依法惩治也是保护；推动3.9万名检察官在7.7万所中小学校担任法治副校长。

坚决维护国防利益和军人军属、英雄烈士合法权益。起诉危害国防利益、侵犯军人军属合法权益犯罪545人；针对影响飞行训练安全问题，开展军用机场净空专项监督；办理国防和军事领域公益诉讼325件；会同退役军人事务部开展专项监督，发出检察建议4995件，推动修缮烈士纪念设施9400处，办理英烈权益保护领域民事公益诉讼46件。

切实加强民生司法保护。结合司法办案，救助生活陷入困境的受害方4.8万人6.1亿元；高度重视涉民生类案件，对诉讼能力偏弱的老年人诉请支付赡养费、残疾人维权、受家暴妇女离婚、农民工讨薪等案件，依法支持起诉4.4万件，同比上升80.9%；全面推开无障碍环境建设公益诉讼，立案办理3272件。

——持续强化刑事检察监督。2021年，最高人民检察院会同公安部出台意见，共同设立侦查监督与协作配合办公室，以有力配合、更实监督促侦查办案质量提升。对应当立案而不立案的督促立案2.5万件、不应当立案而立案的监督撤案2.9万件，对侦查活动违法行为，提出纠正意见7.5万件。对认为确有错误的刑事裁判提出抗诉8850件，法院已审结6380件，其中改判、发回重审4330件，采纳率67.9%。对刑事审判活动违法情形提出纠正意见1.4万件次。2021年，最高人民检察院出台《人民检察院巡回检察工作规定》，直接组织对7所监狱巡回检察，发现并督促整改狱内突出问题，推动查处职务犯罪，在20个省份试点看守所巡回检察。对“减刑、假释、暂予监外执行”不当提出纠正意见3万件，对刑事执行活动违法行为提出纠正意见5.8万件。扎实办理司法工作人员职务犯罪，共立案侦查司法工作人员相关职务犯罪案件2253人。

——精准开展民事诉讼监督。强化精准监督理念，对认为确有错误的民事裁判提出抗诉5319件，法院已审结4006件，其中改判、发回重审、调解及和解撤诉3530件，改变率88.1%；提出再审检察建议8803件，法院采纳率96.9%。对民事审判活动违法行为提出检察建议4.5万件，法院同期采纳4.5万件。积极推动解决“执行难”，对民事执行活动违法行为提出检察建议5.4万件，法院同期采纳5.4万件。连续三年开展民事虚假诉讼专项监督初见成效，2021年以抗诉或检察建议纠正“假官司”8816件、起诉虚假诉讼犯罪1135人。山西、内蒙古、黑龙江、广西等 11 个省区市建立民事诉讼监督案件正卷、副卷一并调阅制度，把握案情更全面，检察监督更精准。

——全面深化行政检察监督。2021 年，全国检察机关共办结行政生效裁判监督案件 1.6 万件。对认为确有错误的行政裁判提出抗诉 245 件，法院已审结 121 件，其中改判、发回重审、调解及和解撤诉 87 件，改变率 71.9%。提出再审检察建议 222 件，法院同期裁定再审 122 件，采纳率 55%。对行政审判活动违法行为提出检察建议 9000 余件。对行政执行活动违法行为提出检察建议 2.9 万件。聚焦土地非诉执行，专项监督法院未及时受理、不规范执行及行政机关怠于申请强制执行等案件 1.6 万件，涉土地面积 19 万亩。常态化推进行政争议实质性化解，共有效化解行政争议 9100 件，其中，讼争 10 年以上的 435 件。

——积极稳妥推进公益诉讼检察。2021 年，全国检察机关共立案办理公益诉讼案件 16.9 万件。最高人民检察院、省级检察院直接办理跨地域、影响性案件 110 件。以诉前实现维护公益目的为最佳司法状态，梯次以磋商、诉前检察建议促进源头治理，绝大多数案件在诉前解决了公益损害问题，开展诉前程序 14.4 万件。对检察建议不能落实的，提起公益诉讼 1.1 万件。同期，法院一审裁判支持率 99.8%。积极发挥民事公益诉讼的追责功能，通过惩罚性赔偿，加大违法成本，产生震慑、警示作用。

——自觉促进诉源治理。

以检察建议推动源头治理。2018年以来，最高人民检察院围绕校园安全、司法公告送达、金融监管、窨井管理、虚假诉讼、网络整治等向有关部门发出第一至六号检察建议；针对快递安全问题，2021年向国家邮政局发出“七号检察建议”，公安部、国家邮政局及时开展专项行动，3个月破获寄递毒品案1709件。

积极贯彻少捕慎诉慎押刑事司法政策。适应刑事犯罪结构变化，在严惩严重刑事犯罪的同时，对大多数较轻犯罪、初犯偶犯等依法从宽处理、少捕慎诉慎押，有利分化犯罪，减少社会对立面。全年不批捕38.5万人，不起诉34.8万人，比2018年分别上升28.3%和1.5倍，公安机关提出不同意见、提请复议复核下降37.4%，被害人不服提出申诉下降11.2%，对决定不起诉的犯罪嫌疑人，应给予行政处罚的，移送主管机关；开展羁押必要性审查工作，依法建议释放或变更强制措施5.6万人，诉前羁押率从2018年的54.9%降至2021年的42.7%。山东、浙江等地探索运用电子手环、大数据等科技手段监管，取保候审无一人失联。

推动认罪认罚从宽制度应用尽用、规范适用、充分落实，制定量刑建议指导意见，听取当事人、律师意见同步录音录像，确保认罪认罚自愿、合法。全年适用率超过 85%，量刑建议采纳率超过 97%，一审服判率 96.5%，高出其他刑事案件 22 个百分点，从源头减少了大量上诉、申诉案件。

运用大数据助力国家治理。深入推进智慧检务建设，全面部署应用检察业务应用系统 2.0 版。浙江检察机关通过建立多种形式的数据互联、共享平台，从海量数据中智能分析发现监督线索，成案数量倍增，质效明显提升。最高人民检察院总结推广浙江经验，部署实施检察大数据战略，充分运用大数据助力"智慧监督"、科学管理、诉源治理，以"数字革命"赋能新时代法律监督，助推深层治理。

（三）公安工作

2021 年，全国公安机关突出抓好建党百年庆典安保、党史学习教育、公安队伍教育整顿三件大事，强化使命担当、忠诚履职尽责，推动各项工作取得新成效。

——深入学习贯彻习近平法治思想。公安部主要领导围绕学习贯彻习近平法治思想发表署名文章，就加强新时代法治公安建设提出明确要求。公安部先后召开全国公安厅局长会议、全国公安机关深化警务机制改革推进会等一系列会议，对深入学习宣传贯彻习近平法治思想、进一步加强法治公安建设作出部署。公安部举办 5

期专题讲座，分级举办2.8万余期政治轮训班，推动全体干警提高学习贯彻习近平法治思想的政治自觉、思想自觉和行动自觉。公安部召开专题新闻发布会，通报全国公安机关学习贯彻习近平法治思想情况，取得良好社会效果。地方各级公安机关普遍召开党委会或专题会，对学习宣传贯彻习近平法治思想进行专门部署，并在深入学习领会的基础上，研究谋划公安工作和公安队伍建设的思路措施。

——依法严厉打击突出违法犯罪。常态化开展扫黑除恶斗争，打掉涉黑组织195个、恶势力犯罪集团1086个，巩固专项斗争成效。全力打好反恐防恐“组合拳”，大力推进反恐维稳法治化常态化，全国连续5年未发生暴恐案事件。深入开展“云剑”“净边”“净网”“昆仑”“断卡”“歼击”“猎狐”“团圆”等专项行动，依法严厉打击妨害国（边）境管理、涉枪涉爆、电信网络诈骗、跨境赌博、侵犯公民个人信息、虚开骗税、强迫智力残疾人劳动、长江流域非法捕捞和非法采砂以及“盗抢骗”“黄赌毒”“食药环”等人民群众反映强烈的突出违法犯罪，取得显著成效。其中，全年共侦破妨害国（边）境管理犯罪案件1.9万起，抓获涉案人员9.7万人；涉枪涉爆刑事案件发案数较2017年下降64.1%；电信网络诈骗犯罪案件自2021年6月以来立案数同比逐月下降，全年为群众累计紧急拦截涉案资金3291亿元；

摧毁多个跨境赌博集团对境内招赌吸金网络，有效遏制了境外吸赌招赌势头；全力打好网络犯罪歼灭战和网络空间生态治理战，共侦破侵犯公民个人信息、“网络黑灰产”等网络犯罪案件6.2万起；侦破长江流域非法捕捞刑事案件4959起；侦破“食药环”和知识产权领域刑事案件7.5万起；组织对730个重大地下钱庄犯罪网络开展集群打击，有力遏制了地下钱庄犯罪蔓延势头；共抓获670名外逃经济犯罪嫌疑人，追赃约14亿元；“团圆”行动已找回历年失踪被拐儿童11,198人。

——不断提升社会管理服务水平。以“全国社会治安防控体系示范城市”“枫桥式公安派出所”创建活动为牵引，深入推进社会治安防控体系建设，累计建成街面警务站1.6万个，日均投入50万警力开展巡逻防控，积极推行“两队一室”“一村（区）一警”等警务模式，基础防范和基层治理水平不断提升。部署开展公务用枪和民用枪支专项整治，组织涉枪涉爆在逃人员缉捕会战。开展打击地下流动赌场、整治行业场所涉黄专项工作，开展娱乐服务场所治安整治，进一步提高维护社会治安能力水平。坚持和发展新时代“枫桥经验”，深入开展矛盾纠纷排查调处，推动落实属地管理和源头治理措施，积极参与防范化解重大金融风险，消除各类安全隐患。严格落实“外防输入、内防反弹”要求，精准开展疫情防控，严密边境口岸管理防控措施，充分运用大数据支撑流调溯源。持续抓好“非法入境、非法居留、非法就业”外国人专项治理，完善外国人管理长效制度机制。深入推进公安信访突出问题攻坚化解专项工作，切实维护群众合法权益。圆满顺利完成建党百年庆祝活动、西藏和平解放70周年、第十四届全运会等一系列重大活动安保任务，全面启动北京冬奥会赛时安保机制。统筹推进疫情防控和经济社会发展，深入开展“我为群众办实事”实践活动，着力解决人民群众“急难愁盼”问题，在移民出入境、治安户政、道路交通管理等方面推出一大批新的服务保障和便民利企举措，出台公安机关公共服务领域“关键小事”30项工作措施，人民群众获得感进一步提升。

——深入推进新时期执法规范化建设。公安部召开全国公安法制工作视频会，深入研究谋划执法规范化建设，对推进新时代法治公安建设作出总体部署。推动人民警察法、治安管理处罚法、看守所法、道路交通安全法等重点立法工作取得新进展，会同有关部门出台相关法律政策和执法指导文件，为基层执法办案提供有力法律武器。全面推进执法办案管理中心建设，全国公安机关累计建成集执法办案、监督管理、服务保障等功能于一体的“一站式”执法办案管理中心2794个，完成率达91.3%。公安部印发《关于深入推进公安执法监督管理机制改革的意见》，推动构建系统严密、运行高效的执法监督管理体系。各级公安机关强化执法全流程全要素监督管理，落实受立案、刑事案件法制部门统一审核统一出口工作机制、资金查控监督管理等改革任务，集中整治有案不立、压案不查、降格处理等执法突出问题，进一步规范和保障律师会见，执法公信力得到进一步提升。大力推动执法信息化建设，不断提升执法办案和监督管理效能，运用智能化手段推进执法顽疾整治，部署应用防止干预司法“三个规定”直报系统，实现强制记录填报凡案必录、简便易行、跨级直报、保护严密的目标。广泛开展实战大练兵，提升全体干警法治素养和执法能力，继续深化执法资格等级考试，全国公安机关累计有190万名在职民警取得基本级执法资格，6万名在职民警取得高级执法资格。加强公安法制宣传，公安部召开执法规范化建设新闻发布会，向社会展现公安机关严格规范公正文明执法的良好形象。组织开展“七五”普法、宪法宣传周、反恐法颁布实施周年纪念日、网络安全宣传周等普法宣传活动。

（四）司法行政工作

2021年，司法行政系统围绕中心、服务大局，将工作放在全面依法治国的高度和维护国家安全的大局中统筹谋划，认真学习贯彻习近平总书记重要指示批示精神，努力践行司法为民，各项工作取得新成效、实现新发展。

——监狱工作。2021年，全国监狱安全稳定形势总体平稳。深入开展政法队伍教育整顿和监狱综合治理，大力推进监狱标准化、规范化、法治化建设，实现监狱管理水平、执法司法公信力、队伍作风形象进一步提升。修订《监狱计分考核罪犯工作规定》，进一步健全监狱减刑、假释、暂予监外执行制度体系。深入推进思想政治教育，创新教育改造模式，不断提升罪犯改造质效。深入贯彻落实总体国家安全观，全面排查整治监狱安全隐患，开展安全生产专项整治三年行动，全力维护监狱安全稳定。全面深化狱务公开，深入推进依法治监，全国96%的监狱建成减刑假释信息化办案平台。持续抓好常态化疫情防控，推进监狱纳入地方联防联控机制，全国监狱实现疫情零感染。

——社区矫正工作。深入贯彻落实社区矫正法，依法加强社区矫正工作，完善工作体制机制，推进规范化、精细化、信息化建设，坚持分类管理、个别化矫正，积极组织社会力量参与社区矫正工作，不断提高教育矫正质量，有效预防和减少重新犯罪。2021年新接收社区矫正对象59万人，加上2020年底在册64.5万人，全年列管社区矫正对象123.5万人，解除矫正57万人，社区矫正对象在矫期间再犯罪率一直处于较低水平，为维护社会安全稳定作出积极贡献。

——司法行政戒毒工作。全面建成全国统一的司法行政戒毒工作基本模式，戒毒工作规范化、科学化、现代化水平持续提升。全国场所疫情防控继续保持“三零”记录，全系统连续六年实现安全生产零事故。

——律师工作。各中央单位和各地区认真做好法律顾问选聘、备案工作，进一步规范法律顾问使用和管理，促进法律顾问参与党政机关依法决策。中央依法治国办印发《关于加快推进公职律师工作的意见》，加大工作指导和推动力度。截至2021年底，全国共有律师事务所3.7万家，律师57.6万人，其中公职律师7.2万人。深化刑事案件律师辩护全覆盖试点，全国共有2660个县（市、区）开展了试点工作，25个省（区、市）实现县级行政区域试点工作全覆盖，刑事案件律师辩护率和辩护质量得到有效提升。最高人民法院、司法部联合印发《关于为死刑复核案件被告人依法提供法律援助的规定（试行）》，完善死刑复核案件指定辩护制度，切实保障被告人诉讼权利。深入开展“万所联万会”活动，推动1.7万多家律师事务所和1.9万多家工商联所属商会、1800多家县级工商联建立联系合作机制，开展法律服务活动超过10万场次，有效促进法治民企建设，助力打造法治化营商环境。继续实施“援藏律师服务团”活动，从全国选派68名律师到西藏无律师县提供法律援助和公益法律服务。

——法律援助工作。积极推进法律援助法贯彻实施，司法部、全国普法办联合印发《关于深入开展法律援助法学习宣传活动的通知》，组织召开全国司法行政系统学习贯彻法律援助法电视电话会议，举办全国司法行政系统法律援助法培训班。司法部、中央文明办联合印发《法律援助志愿者管理办法》。总结宣传“法援惠民生　扶贫奔小康”品牌活动，通报表扬表现突出单位和个人。司法部印发《关于开展“乡村振兴　法治同行”活动的通知》及活动分工方案，指导各地创新工作方式方法，为乡村群众提供优质高效的法律援助服务。深入开展“法援惠民生　助力农民工”活动，聚焦新业态领域，助力打好根治欠薪攻坚战，维护农民工合法权益。退役军人事务部、司法部联合印发《关于加强退役军人法律援助工作的意见》，建立退役军人优先服务机制。截至2021年底，全国法律援助机构共批准办理法律援助案件147.3万件（不含值班律师法律帮助案件）。

——公证工作。司法部印发《关于深化公证体制机制改革　促进公证事业健康发展的意见》，为优化事业体制公证机构运行机制、推进合作制公证机构规范建设、深化公证服务供给侧结构性改革明确方向与路径。截至2021年底，全国共有1.4万名公证员，办理公证事务1200万件。事业体制公证机构有2734家，其中，实行编制备案制的541家，已核定绩效分配方案的984家，实行企业化财务管理的863家，事业体制公证机构机制不断优化，活力得到进一步激发。合作制公证机构稳步推进，全国共有合作制公证机构143家，总体发展态势良好。

——司法鉴定工作。司法部将加强司法鉴定行业党建工作作为重要政治任务，印发《关于落实司法鉴定行业党建工作任务的指导意见》，指导各地党建工作稳步推进；开展全国司法鉴定行业突出问题专项治理，加强对违法违规问题的惩处力度；制定印发《司法鉴定教育培训工作管理办法》，与人力资源和社会保障部联合印发《关于深化公共法律服务专业人员职称制度改革的指导意见》，不断加强司法鉴定人才队伍建设；印发《法医类　物证类　声像资料司法鉴定机构登记评审细则》，严格准入登记审核把关；制定《司法鉴定机构诚信等级评估办法（试行）》《司法鉴定机构和司法鉴定人退出管理办法（试行）》，与中国银行保险监督管理委员会联合印发《关于规范涉及保险理赔司法鉴定工作的通知》，开展“双随机、一公开”监督抽查、全面评查，加强对司法鉴定机构和鉴定人的监督管理，规范执业行为。截至2021年底，全国司法行政机关登记管理的司法鉴定机构共2900多家，鉴定人3.7万余人。

——仲裁工作。推进仲裁委员会内部治理机制综合改革试点工作，指导支持上海、辽宁、江西等地仲裁机构进行内部治理机制改革。充分发挥仲裁在化解矛盾纠纷中的专业化优势，中国证券监督管理委员会、司法部联合印发《关于依法开展证券期货行业仲裁试点的意见》，文化和旅游部、司法部联合印发《关于开展旅游投诉调解与仲裁衔接试点工作的通知》，支持仲裁机构设立证券期货、旅游投诉纠纷等专业仲裁工作平台，制定专业仲裁规则，促进仲裁专业化发展。截至2021年底，全国270家仲裁机构共处理民商事案件41万余件，案件标的额8000余亿元。

——人民调解和司法所工作。国家知识产权局、司法部联合印发《关于加强知识产权纠纷调解工作的意见》，加强"一带一路"、粤港澳大湾区、海南自贸港以及各地自贸区商事调解工作。截至2021年底，全国共有人民调解委员会68.9万个，人民调解员316.2万人，全年排查矛盾纠纷507万次，调解矛盾纠纷874万件。司法部印发《全国司法所工作规范》，进一步明确司法所推进基层法治建设相关职责，提升工作规范化水平。截至2021年底，全国共有司法所3.9万个，司法所工作人员15万人。充分发挥司法所职能作用，深入开展矛盾纠纷排查化解、法律援助、法治宣传教育和依法治理等工作，全年共参与调解各类矛盾纠纷460余万件，开展法治宣传教育135万场次，接待群众法律咨询600余万人次，为基层党委、政府提供重大决策法律意见建议26

万余条，协助制定规范性文件5万余件，积极为基层党委、政府依法决策、依法治理提供法律服务和法治保障。

——国家统一法律职业资格考试工作。围绕建设德才兼备的高素质法治工作队伍要求，将习近平法治思想作为重要考查内容纳入法律职业资格考试大纲。克服新冠肺炎疫情影响等诸多困难，坚持“从严治考、规范管理、热情服务”，统筹做好疫情防控和考试组织实施工作，共有71.8万人报名客观题考试。全面实行法律职业资格申请“跨省通办”“一网通办”，分两批次完成2020年考试成绩合格人员法律职业资格审核认定工作，共授予16.2万余人法律职业资格。制定出台新一轮法律职业资格考试放宽政策，加大对国家乡村振兴重点帮扶县的扶持力度。

五、关于人权法治保障

2021年，中国继续推进人权事业发展。6月，国务院新闻办发表《中国共产党尊重和保障人权的伟大实践》白皮书。白皮书指出，100年来，中国共产党坚持人民至上，坚持将人权的普遍性原则与中国实际相结合，坚持生存权、发展权是首要的基本人权，坚持人民幸福生活是最大的人权，坚持促进人的全面发展，不断增强人民群众的获得感、幸福感、安全感，成功走出了一条中国特色社会主义人权发展道路。9月，国务院新闻办发布《国家人权行动计划（2021—2025年）》，确定2021—2025年尊重、保护和促进人权的阶段性目标和任务，其中包括：巩固脱贫攻坚成果，促进全体人民共同富裕，保障公民的经济、社会和文化权利；完善权利保障制度，加强人权法治保障，切实尊重和保障公民权利和政治权利；完善对少数民族、妇女、儿童、老年人、残疾人等各类特定群体权益的平等保障和特殊保护，促进所有人的全面发展；认真践行国际承诺，深度参与国际人权事务，推动完善全球人权治理体系，构建人类命运共同体。这是中国政府制定的第四期以人权为主题的国家规划，也是中国人权事业发展史上的重要里程碑，标志着中国人权事业发展进入了新阶段。12月，《习近平关于尊重和保障人权论述摘编》一书由中央文献出版社出版发行，对于中国在更高水平上保障中国人民的人权，推动形成更加公正、合理、包容的全球人权治理，共同构建人类命运共同体，具有十分重要的意义。

（一）生存权与发展权保障

——全面建成小康社会。4月，国务院新闻办发布《人类减贫的中国实践》白皮书。白皮书指出，中共十八大以来，经过8年持续奋斗，到2020年底，中国如期完成新时代脱贫攻坚目标任务，全面消除绝对贫困，提前10年实现《联合国2030年可持续发展议程》减贫目标，不仅是中华民族发展史上具有里程碑意义的大事件，也是人类减贫史乃至人类发展史上的大事件，为全球减贫事业发展和人类发展进步作出了重大贡献。8月，国务院新闻办发表《全面建成小康社会：中国人权事业发展的光辉篇章》白皮书。白皮书指出，中国全面建成小康社会，夯实了人权基础，丰富了人权内涵，拓宽了人权视野，意味着人权的全面发展和全民共享，谱写了中国人权事业的新篇章，创造了人类尊重和保障人权的奇迹；中国在全面建成小康社会的伟大进程中，所创造的尊重和保障人权的成功做法和经验，为增进人类福祉贡献了中国智慧、提供了中国方案。

——城镇化与乡村振兴建设。2月，中共中央、国务院制定《关于全面推进乡村振兴加快农业农村现代化的意见》，提出通过实现巩固拓展脱贫攻坚成果同乡村振兴有效衔接、加快推进农业现代化、大力实施乡村建设行动等措施，全面推进乡村振兴，加快农业农村现代化，努力开创“三农”工作新局面。4月，住房和城乡建设部、财政部、民政部、国家乡村振兴局4部门联合印发《关于做好农村低收入群体等重点对象住房安全保障工作的实施意见》，提出在“十四五”期间逐步建立健全农村低收入群体住房安全保障长效机制，实现巩固拓展脱贫攻坚成果同乡村振兴有效衔接。6月，全国人大常委会通过《中华人民共和国乡村振兴促进法》，提出全面实施乡村振兴战略，促进农业全面升级、农村全面进步、农民全面发展，加快农业农村现代化，全面建设社会主义现代化国家。同月，住房和城乡建设部、农业农村部、国家乡村振兴局联合印发《关于加快农房和村庄建设现代化的指导意见》，指出要加快农房和村庄建设现代化，完善农房功能，提高农房品质，加强农村基础设施和公共服务设施建设，整体提升乡村建设水平，提高农民居住品质，改善农民生产生活条件。

——公共服务建设。4月，国家发展和改革委员会、中央宣传部、教育部等20部委发布《国家基本公共服务标准（2021年版）》，从幼有所育、学有所教、劳有所得、病有所医、老有所养、住有所居、弱有所扶以及优军服务保障、文体服务保障等9个方面明确了国家基本公共服务具体保障范围和质量要求，以标准化推动公共服务均等化。

（二）健康权保障

2021年，新冠肺炎疫情持续全球肆虐，党和政府采取各种有效措施控制疫情，有力保障人民健康权。6月，国家医疗保障局、财政部、国家税务总局印发《关于做好2021年城乡居民基本医疗保障工作的通知》，明确2021年继续提高居民医保筹资标准。2021年，居民医保人均财政补助标准新增30元，达到每人每年不低于580元；同步提高个人缴费标准40元，达到每人每年320元。7月，国家卫生健康委员会、财政部、国家中医药管理局发布《关于做好2021年基本公共卫生服务项目工作的通知》，明确2021年人均基本公共卫生服务经费补助标准为79元，其中，2021年新增5元统筹用于基本公共卫生服务和基层医疗卫生机构疫情防控工作。截至2021年底，31个省（区、市）和新疆生产建设兵团累计报告接种新冠病毒疫苗282,341.8万剂次。

（三）劳动权益保障

5月，国务院常务会议决定将部分减负稳岗扩就业政策期限延长到年底，确定进一步支持灵活就业的措施。7月，人力资源和社会保障部、国家发展和改革委员会、交通运输部等8部门印发《关于维护新就业形态劳动者劳动保障权益的指导意见》，首次明确平台责任、报酬、休息、职业伤害保障等多个焦点问题，为外卖骑手、网约车司机、电商主播等构建权益“防护网”。8月，最高人民法院发布《关于为全面推进乡村振兴　加快农业农村现代化提供司法服务和保障的意见》，提出要妥善审理涉农民工劳动争议案件，维护新就业形态下农民进城务工人员劳动保障权益。

（四）受教育权保障

5月，教育部、国家发展和改革委员会、财政部、国家乡村振兴局4部门印发《关于实现巩固拓展教育脱贫攻坚成果同乡村振兴有效衔接的意见》，提出建立健全巩固拓展义务教育有保障成果长效机制、建立健全农村家庭经济困难学生教育帮扶机制、做好巩固拓展教育脱贫攻坚成果同乡村振兴有效衔接重点工作、延续完善巩固拓展脱贫攻坚成果与乡村振兴有效衔接的对口帮扶工作机制等四项重点任务。8月，教育部等9部门印发

《中西部欠发达地区优秀教师定向培养计划》，要求加强中西部欠发达地区教师定向培养，从2021年起，教育部直属师范大学与地方师范院校采取定向方式，每年为832个脱贫县（原集中连片特困地区县、国家扶贫开发工作重点县）和中西部陆地边境县中小学校培养1万名左右本科层次师范生，从源头上改善中西部欠发达地区中小学教师队伍质量，培养造就大批优秀教师。

（五）特定群体权益保障

——未成年人权益保护。6月，修订后的未成年人保护法正式实施，确立家庭、学校、社会、网络、政府、司法“六位一体”未成年人保护新格局。同月，教育部颁布《未成年人学校保护规定》，依据宪法、民法典、未成年人保护法、教育法等法律，遵循全面保护原则，专设“一般保护”一章系统规定学校应当尊重和保护的未成年人基本权利；专设“专项保护”一章，就社会关注的学生欺凌、性侵害、性骚扰等问题作出专门规定。10月，全国人大常委会通过《中华人民共和国家庭教育促进法》，从家庭责任、国家支持、社会协同和法律责任等方面作出规定。这是中国第一次就家庭教育进行立法，旨在发扬中华民族重视家庭教育的优良传统，引导全社会注重家庭、家教和家风，增进家庭幸福与社会和谐，培养德智体美劳全面发展的社会主义建设者和接班人。11月，最高人民检察院、中华全国妇女联合会、中国关心下一代工作委员会联合印发《在办理涉未成年人案件中全面开展家庭教育指导工作典型案例》，推动涉未成年人案件家庭教育指导工作高质量发展。12月，最高人民检察院与教育部共同制发《检察官担任法治副校长工作规定》，切实加强法治教育、学生保护、预防犯罪、安全管理、依法治理等工作，为孩子们撑起一片法治艳阳天。

——妇女权益保护。11月，中华全国妇女联合会权益部发布《家庭暴力受害人证据收集指引》，对“证明发生过家庭暴力事实的证据”“证明面临家庭暴力现实危险的证据”等作了详细说明，帮助受害人树立证据意识，依法维护自身合法权益。12月，《中华人民共和国妇女权益保障法》修订草案首次提请十三届全国人大常委会第三十二次会议审议，这是妇女权益保障法施行近30年后又一次重大修订。12月，国家统计局公布的《中国妇女发展纲要（2011—2020年）》终期统计监测报告显示，女性平均预期寿命突破80岁，女童平等接受学前教育得到切实保障，全社会就业人员中女性占比保持在四成以上。

——军人权益保护。1月，中央政法委、最高人民法院、最高人民检察院、公安部、司法部、退役军人事务部联合印发《关于加强退役军人司法救助工作的意见》，旨在加大司法过程中对困难退役军人的救助工作力度，有效维护退役军人合法权益，促进社会和谐稳定。6月，全国人大常委会通过《中华人民共和国军人地位和权益保障法》，明确了军人地位和权益保障的方针、原则和体制机制，明确了军人待遇保障基本制度，完善了军人抚恤优待制度，明确了法律责任追究机制。

——残疾人权益保护。7月，国务院印发《“十四五”残疾人保障和发展规划》，指出“十四五”时期要坚持以习近平新时代中国特色社会主义思想为指导，以推动残疾人事业高质量发展为主题，以巩固拓展残疾人脱贫攻坚成果、促进残疾人全面发展和共同富裕为主线，保障残疾人平等权利，增进残疾人民生福祉，增强残疾人自我发展能力，推动残疾人事业向着现代化迈进，不断满足残疾人美好生活需要。12月，最高人民法院和中国残疾人联合会共同发布残疾人权益保护十大典型案例，引导更多残疾人通过法律手段依法维护自身合法权益。

（六）司法程序中的人权保障

1月，司法部公共法律服务管理局印发《司法鉴定与法律援助工作衔接管理办法（试行）》，就加强司法鉴定与法律援助工作衔接、依法减免受援人司法鉴定费用作出明确规定。

5 月，最高人民法院公布自 2021 年 5 月 20 日起作出的国家赔偿决定涉及侵犯公民人身自由权的赔偿金标准为每日 373.10 元。

6 月，最高人民检察院发布《未成年人检察工作白皮书（2020）》显示，自 2016 年至 2020 年，检察机关受理审查起诉未成年人涉嫌故意杀人、抢劫、贩卖毒品等严重暴力犯罪人数占全部犯罪人数的比例年均下降 2.16%。同月，最高人民法院发布《人民法院在线诉讼规则》，首次构建起在线诉讼规则体系，有效填补了中国在线诉讼领域的制度空白，积极回应了人民群众互联网时代司法新需求，对保障当事人合法诉讼权益，增强人民群众诉讼便利，提升审判质量效率，推动司法审判模式划时代变革具有重大意义。

7 月，最高人民法院、最高人民检察院联合印发的《关于常见犯罪的量刑指导意见（试行）》实施，进一步规范量刑和量刑建议工作，落实宽严相济刑事政策和认罪认罚从宽制度，增强量刑公开性，实现量刑公正。同月，最高人民法院发布《关于审理使用人脸识别技术处理个人信息相关民事案件适用法律若干问题的规定》，着力维护自然人人格权益，保护“人脸”安全，标志着人脸识别迎来强监管时代。

8 月，全国人大常委会通过《中华人民共和国法律援助法》，明确法律援助的完整概念，强化国家、政府对法律援助的责任，理性扩大法律援助范围，务实简化法律援助程序，提升了法律援助制度在法律体系中的地位，标志着我国法律援助工作正式进入“国家法时代”。同月，全国人大常委会通过《中华人民共和国个人信息保护法》，设立公益诉讼条款，明确将个人信息保护纳入检察公益诉讼法定领域，与《中华人民共和国网络安全法》《中华人民共和国数据安全法》共同构建起中国新时代信息安全法律保障体系。

11 月，最高人民检察院与公安部联合印发《关于健全完善侦查监督与协作配合机制的意见》，明确规定坚持惩罚犯罪与保障人权并重，协同构建以证据为核心的刑事指控体系，就人民检察院、公安机关健全完善监督制约机制、协作配合机制和信息共享机制提出 14 项具体任务。同月，最高人民检察院印发《人民检察院羁押听证办法》，明确人民检察院办理审查逮捕、审查延长侦查羁押期限、羁押必要性审查案件时，可通过组织召开听证会的形式听取各方意见。

（七）少数民族地区与香港特别行政区人权保护

——新疆维吾尔自治区的人权保护。9 月，国务院新闻办发表《新疆的人口发展》白皮书。白皮书指出，自 1949 年中华人民共和国成立后，新疆人口特别是少数民族人口数量快速增长，人口素质不断提升，人均预期寿命大幅提高。与第六次全国人口普查相比，10年间，新疆人口增速居全国第4位，人口增量居全国第8位，人口总量的排位由第25位上升到第21位。新疆经济社会全面发展，社会大局持续稳定，各族人民安居乐业，人口发展均衡健康。

——西藏自治区的人权保护。5月，国务院新闻办发表《西藏和平解放与繁荣发展》白皮书。白皮书指出，2020年西藏城乡居民人均可支配收入比2010年翻一番，社会经济持续快速发展，人民生活水平显著提高，基本公共服务全面进步，脱贫攻坚全面胜利。

——香港特别行政区的人权保护。12月，国务院新闻办发表《“一国两制”下香港的民主发展》白皮书，全面回顾香港特别行政区民主的产生和发展历程，进一步阐明中央政府对香港特别行政区民主发展的原则立场。白皮书指出，发展完善香港特别行政区的民主，对保障香港居民民主权利、实现良政善治、确保香港长期繁荣稳定和长治久安具有重大意义。“一国两制”为香港特别行政区民主发展提供了根本保障。确保“一国两制”实践行稳致远，继续推动香港民主发展，必须坚决贯彻落实“爱国者治港”原则。必须按照“一国两制”方针和基本法，切合香港的政治、经济、社会、文化、历史等条件，探索具有香港特色的民主发展道路。

（八）人权领域的国际合作

1月，国务院新闻办发布《新时代的中国国际发展合作》白皮书，从人类命运共同体理念引领新时代中国国际发展合作、助力共建“一带一路”国际合作、推动落实联合国2030年可持续发展议程等方面展望中国国际发展合作。7月，联合国人权理事会第47届会议通过中国提交的“发展对享有所有人权的贡献”决议，重申发展对享有所有人权具有重要贡献，呼吁各国促进可持续发展，以更好地享有人权，并促进发展机会的平等享有。10月，联合国人权理事会第48届会议通过中国提交的“殖民主义遗留问题对享有人权的负面影响”决议，指出各种形式的殖民主义遗留问题均对人权造成负面影响，强调消除任何形式殖民主义和解决殖民主义遗留问题的重要性。

六、关于知识产权保护

2021年，中国扎实推进知识产权保护法治建设，取得积极进展。

（一）制度建设

9月，中共中央、国务院印发《知识产权强国建设纲要（2021—2035年）》，旨在统筹推进知识产权强国建设，全面提升知识产权创造、运用、保护、管理和服务水平，充分发挥知识产权制度在社会主义现代化建设中的重要作用。同月，最高人民法院出台《关于加强新时代知识产权审判工作　为知识产权强国建设提供有力司法服务和保障的意见》，全面落实知识产权强国建设纲要和党中央关于加强知识产权保护的决策部署，明确加强新时代知识产权审判工作的总体要求和具体措施。10月，国务院印发《“十四五”国家知识产权保护和运用规划》，明确“十四五”时期开展知识产权工作的指导思想、基本原则、主要目标、重点任务和实施保障措施，对未来五年的知识产权工作进行全面部署。12月，全国人大常委会修订《中华人民共和国科学技术进步法》，通过健全科技创新保障措施、完善国家创新体系、破除自主创新障碍因素等，为促进实现高水平科技自立自强提供法治保障；修改《中华人民共和国种子法》，扩大植物新品种权的保护范围及保护环节，建立实质性派生品种制度，完善侵权处罚赔偿和行政处罚制度。

（二）审查登记

——专利方面。2021 年，我国发明专利授权 69.6 万件，同比增长 31.3%；实用新型专利授权 312.0 万件，同比增长 31.2%；外观设计专利授权 78.6 万件，同比增长 7.3%。截至 2021 年底，我国发明专利有效量为 359.7 万件，同比增长 17.6%。其中，国内（不含港澳台）发明专利有效量 270.4 万件；实用新型专利有效量为 924.3 万件，同比增长 33.0%；外观设计专利有效量为 258.1 万件，同比增长 18.0%。2021 年，中国受理 PCT 国际专利申请 7.3 万件，同比增长 1.5%。其中，国内申请人提交 6.83 万件，同比增长 2.1%。

——商标方面。2021 年，我国商标注册量 773.9 万件，同比增长 34.3%。截至 2021 年底，有效商标注册量达 3724.0 万件，同比增长 23.4%。全年收到中国申请人马德里商标国际注册申请 5928 件，在马德里联盟中排名第三。外国申请人指定中国的马德里领土延伸申请 2.7 万件（一件商标多个类别），完成马德里领土延伸申请实质审查6.1万类。

——著作权方面。2021年，我国著作权登记总量626.44万件，同比增长24.30%。其中，作品登记总量398.39万件，同比增长20.13%；计算机软件著作权登记总量228.01万件，同比增长32.34%。

——地理标志、特殊标志和官方标志方面。2021年，我国新认定地理标志保护产品99个，累计认定2490个；新核准注册地理标志集体商标、证明商标477件，累计核准注册6562件。核准地理标志专用标志使用市场主体17,111家，注销464家市场主体地理标志专用标志使用资格。核准登记“中国共产党成立100周年庆祝活动标识”等26件特殊标志。对中国人民银行“存款保险标识”1件官方标志登记备案。公告保护“奥林匹克五环图案标志”等37件奥林匹克标志。

（三）司法保护

——不断提升知识产权案件审判质效。

2021年，人民法院受理、审结知识产权案件数量再创历史新高，双双突破60万件。2021年，新收一审、二审、申请再审等各类知识产权案件642,968件，审结601,544件（含旧存），比2020年分别上升22.33%和14.71%。最高人民法院新收知识产权民事案件4243件，审结3557件，比2020年分别上升22.28%和9.11%；新收知识产权行政案件2852件，审结2487件，比2020年分别上升49.4%和43.34%。地方各级人民法院新收知识产权民事一审案件550,263件，审结515,861件，比2020年分别上升24.12%和16.52%；新收知识产权行政一审案件20,563件，审结19,342件，比2020年分别上升11.37%和7.8%；新收侵犯知识产权刑事一审案件6276件，审结6046件，比2020年分别上升13.2%和9.53%。

最高人民法院知识产权法庭圆满完成三年试点，共受理涉及专利、植物新品种、集成电路布图设计、技术秘密、计算机软件等技术类知识产权案件9368件，审结7625件。制定全面加强植物新品种保护司法解释，有效助力种业振兴；针对芯片技术和中医药保护开展专题调研并提出有针对性对策建议。探索“先行判决+临时禁令”和“发回重审+临时禁令”等裁判方式，及时有效制止侵权行为，防止权利人“赢了官司输了市场”。依法加大损害赔偿力度，在“香兰素”技术秘密侵权案中判赔1.59亿元。切实加强司法反垄断和反不正当竞争，研究起草以规制互联网平台垄断为重点的反垄断民事诉讼司法解释；在“驾校联营”垄断协议案中宣告联营协议和自律公约等全部无效；在“沙格列汀片”发明专利侵权申请撤回上诉案中对药品反向支付协议作出反垄断初步审查，积极引导市场公平竞争。加强技术秘密司法保护，在涉“优选锯”“胍基乙酸”“石化废气无害化处理”等技术秘密侵权案件中充分运用举证责任转移、惩罚性赔偿等手段，坚决遏制侵权行为。

——加大知识产权刑事犯罪打击力度。公安部开展“昆仑2021”专项行动，依法严厉打击侵犯知识产权犯罪。2021年，全国公安机关共侦破侵犯知识产权和制售伪劣商品犯罪案件2.1万件，抓获犯罪嫌疑人3.8万人。坚持对各类市场主体依法平等保护，先后侦破一批侵犯知识产权的大要案件，以严明法治保障优良营商环境。

——依法从严批捕知识产权犯罪案件。2021年，全国检察机关共受理审查逮捕侵犯知识产权案件6924件13,485人，批捕4590件7835人，批捕案件和人数同比分别上升16.8%和9.2%；共受理审查起诉侵犯知识产权案件9611件和22,011人，起诉6565件14,020人，起诉案件和人数同比分别上升12.3%和15.4%。其中，批捕假冒注册商标罪1874件3340人，起诉2729件6024人；批捕销售假冒注册商标的商品罪1837件2941人，起诉2541件5084人；批捕非法制造、销售非法制造的注册商标标识罪312件513人，起诉479件1083人；批捕假冒专利罪1件1人，起诉1件1人；批捕侵犯著作权罪186件367人，起诉297件679人；批捕销售侵权复制品罪17件28人，起诉15件34人；批捕侵犯商业秘密罪55件80人，起诉57件121人，批捕数罪或他罪中含侵犯知识产权犯罪308件565人，起诉446件994人。从起诉数据看，侵犯商标权案件占总数的87.6%，侵犯著作权案件占总数的4.8%，侵犯商业秘密案件占总数的0.9%。

——加强知识产权诉讼监督工作。检察机关深化知识产权刑事、民事、行政检察一体履职，及时纠正侵犯知识产权犯罪领域有案不移、有案不立、立案不当、以罚代刑、裁判不公等问题。2021年，经检察机关建议，行政执法机关移送侵犯知识产权涉嫌犯罪案件280件306人；经检察机关监督，公安机关立案299件414人，监督撤案231件295人；办理知识产权民事行政诉讼监督案件544件，是2020年的4.1倍。

（四）行政保护

——构建大保护工作格局。加强司法审判与行政执法衔接协作，最高人民法院定期与农业农村部、国家知识产权局、国家反垄断局等部门进行业务交流，建立信息资源共享机制，健全知识产权行政保护与司法保护、反垄断行政执法与司法等工作衔接机制。最高人民法院与农业农村部签署合作备忘录并联合召开种业知识产权保护工作座谈会，建立种业知识产权司法保护专家咨询机制。

——强化专利行政执法保护。组织开展执法保护专项行动，严厉查处专利侵权假冒违法行为。全年共查处假冒专利案件0.48万件。全国知识产权管理部门办理专利侵权纠纷行政裁决案件4.98万余件，同比增加18.6%。

——强化商标行政执法保护。全年共查处商标违法案件3.95万件，同比增长26.2%；案值9.83亿元，同比增长24.4%；罚没金额6.86亿元，同比下降2%。其中，查处商标侵权假冒案件3.57万件，同比增长20.6%。共依法向司法机关移送涉嫌商标侵权犯罪案件1011件。

——强化版权行政执法保护。开展“剑网2021”专项行动、打击院线电影盗录传播集中行动，严厉打击短视频、网络直播、体育赛事、在线教育、院线电影等领域的侵权盗版行为，持续巩固新闻作品、网络音乐、网络文学、电商平台等领域专项治理成果。各级版权执法部门检查实体市场相关单位36.17万家（次），查办各类侵权盗版案件3095件，关闭侵权盗版网站（APP）1066个，处置删除侵权盗版链接119.7万条，推动网络视频、网络直播、电子商务等相关网络服务商清理各类侵权链接846.75万条。

——强化反不正当竞争行政执法保护。国家市场监管总局印发《关于加强反不正当竞争执法　推动高质量发展的通知》，在全国范围部署开展重点领域反不正当竞争执法专项行动，突出重点行业、重点区域、重点时段、重点人群，聚焦互联网、数字经济、医药等重点领域，严厉打击仿冒混淆、侵犯商业秘密等不正当竞争行为，依法维护公平竞争市场秩序。建设商业秘密保护基地 5455 个，全年共查处各类不正当竞争行为 8563 件，罚没金额 5.73 亿元。

——强化植物新品种行政执法保护。组织开展保护种业知识产权专项整治行动，2021 年，全国累计出动执法人员 66.78 万人次，抽取样品 8.37 万个，立案 7101 件，办结 6331 件；移送司法机关 93 件；处罚结果信息公开 5640 件；涉案种子 543.69 万公斤；涉案金额 5628 万元。开展打击侵犯植物新品种权专项行动，全国共查处假冒伪劣、无证、超范围经营、未按要求备案、无档案等各类种苗违法案件 219 起，同比增长 83.3%；罚没金额 85 万元，同比增长 10.81%；移送司法机关 9 起；查处侵犯林业植物新品种权案件 2 起，形成打击侵犯植物新品种权的高压态势。

（五）国际合作

——积极参与多双边磋商，签署更多国际条约协定。深度参与世界知识产权组织框架下全球知识产权治理。正式批准《关于为盲人、视力障碍者或其他印刷品阅读障碍者获得已出版作品提供便利的马拉喀什条约》。核准将于2022年1月1日正式生效的《区域全面经济伙伴关系协定》。积极推进加入《工业品外观设计国际注册海牙协定》。推进与欧美等国家和地区双边知识产权交流与合作。与保加利亚、匈牙利合作成果纳入中国—中东欧国家领导人峰会成果清单，与丹麦专利商标局双边合作谅解备忘录纳入两国战略级对话成果。推进与欧盟知识产权局战略合作伙伴关系，签署升级版合作谅解备忘录，实现中国商标数据首次对外交换，提升中欧双方商标信息使用效率。推动中美第一阶段经贸协议、中欧地理标志保护与合作协定、中法地理标志合作议定书、中泰地理标志产品3+3试点项目落实，续展与德国、加拿大、葡萄牙、奥地利、新加坡、欧亚专利局等国家和地区专利审查高速路项目。

——积极参与国际会议论坛，贡献更多中国方案。持续巩固与世界知识产权组织、世界贸易组织等国际组织在知识产权方面的交流合作，参加世界知识产权组织第62届成员国大会系列会议，世界知识产权组织知识产权与发展委员会、计划和预算委员会、专利合作条约和商标国际注册马德里协定相关会议。推动金砖国家经贸部长会议成功发表《知识产权合作下开展遗传资源、传统知识和传统文化保护合作》。

——加强司法交流合作。参加中法法律与司法交流活动、世界知识产权组织“全球知识产权法官论坛”、国际商标协会商标年会等。承办“中欧知识产权诉讼制度比较论坛”。与英国知识产权企业法庭在线交流。举办打击侵权假冒国际合作论坛，与外国驻华使馆、中外知名企业、国际组织代表交流经验，推动提升知识产权保护和治理水平。参与编写《世界知识产权组织全球专利案件管理司法指南（中国专章）》，最高人民法院知识产权法庭4起案件裁判文书入选南方中心与联合国贸易和发展会议“知识产权与公共卫生案例数据库”，积极讲好中国知识产权司法保护故事，发出中国声音。

——开展执法联合行动。加强与各国执法部门的沟通协调，积极构建互利共赢的新型执法合作关系。围绕32起重点跨国（境）案件与相关国家执法部门开展线索核查、证据交换、司法协助等多层面执法合作，参与国际刑警组织打击知识产权犯罪相关专项行动，取得积极成效。

七、关于生态文明法治建设

2021年，中国深入贯彻习近平生态文明思想，扎实推进各项工作，生态文明法治建设实现“十四五”良好开局。

（一）生态文明立法

——出台一批指导性文件。3月，十三届全国人大四次会议表决通过《关于国民经济和社会发展第十四个五年规划和2035年远景目标纲要的决议》，对“十四五”时期环境规划作出专篇部署，明确提出要推动绿色发展，促进人与自然和谐共生，提升生态系统质量和稳定性，持续改善环境质量，加快发展方式绿色转型。9月，国务院新闻办发布《国家人权行动计划（2021—2025年）》，将环境权利与经济、社会和文化权利、公民权利和政治权利并列，并作出专门规定。9月，中共中央、国务院发布《关于完整准确全面贯彻新发展理念做好碳达峰碳中和工作的意见》；10月，国务院印发《2030年前碳达峰行动方案》，共同构成贯穿碳达峰、碳中和两个阶段的顶层设计。10月，国务院新闻办发布

《中国应对气候变化的政策与行动》白皮书，充分展示中国应对气候变化的进展与成效，以及为全球气候治理所作出的突出贡献，系统反映中国应对气候变化的主张、智慧和方案。11月，党的十九届六中全会通过《中共中央关于党的百年奋斗重大成就和历史经验的决议》，强调要建立以国家公园为主体的自然保护地体系，持续开展大规模国土绿化行动，加强大江大河和重要湖泊湿地及海岸带生态保护和系统治理，加大生态系统保护和修复力度，加强生物多样性保护。

——制定修改废止一批环境资源领域法律法规和规章。

法律方面。1月，《中华人民共和国动物防疫法》修订通过，完善“动物防疫”的定义，进一步细化、明确了从业者应当承担的动物防疫义务，首次提出动物疫情通报、划定动物安全隔离区、高低风险区和采取相应限制调运措施的制度性规定，进一步提高区域内和区域间的疫情沟通管理能力。4月，《中华人民共和国草原法》修正通过，要求在草原上开展经营性旅游活动，应当符合有关草原保护、建设、利用规划，以解决取消行政审批后的审查把关问题。同月，《中华人民共和国乡村振兴促进法》通过，将“生态宜居”作为促进乡村振兴的总要求之一，并在第五章对“生态保护”作出专门规定。12月，《中华人民共和国种子法》修正通过，一是鼓励创新，推进种业体制改革；二是简政放权，充分发挥市场的决定作用；三是保护农民利益，强化主体责任，扩大赔偿范围，加大处罚力度。同月，《中华人民共和国噪声污染防治法》通过，强调分类防治噪声污染，保障公众健康，保护和改善生活环境。同月，《中华人民共和国湿地保护法》通过，重新界定湿地概念，确立了生态保护补偿、分类分级管理、保护规划、湿地用途管制等重要制度。

行政法规和部门规章方面。1月，国务院公布《排污许可管理条例》，明确实行排污许可管理的范围和管理类别，规定排污许可证申请与审批、排污管理和监督检查，规定排污单位应当持证排污、按证排污，加强对违法行为的检查和惩处力度。同月，农业农村部颁布《农村土地经营权流转管理办法》，对工商企业等社会资本通过流转取得土地经营权的审查审核作出具体规定，强化了耕地保护和促进粮食生产的内容。同月，生态环境部会同农业农村部、自然资源部、国家林业和草原局印发《农用地土壤污染责任人认定暂行办法》，生态环境部、自然资源部印发《建设用地土壤污染责任人认定暂行办法》，这两个办法对土壤污染责任人不明确或存在争议的情形作出了明确规定。10月，国务院公布《地下水管理条例》，从调查与规划、节约与保护、超采治理、污染防治、监督管理等方面加强对地下水的保护。

11月，生态环境部、公安部、交通运输部印发《危险废物转移管理办法》，强化危险废物转移监督管理。

地方性法规和地方政府规章方面。5月，湖南省十三届人大常委会第二十四次会议通过《湖南省洞庭湖保护条例》。6月，深圳市七届人大常委会第二次会议通过《深圳经济特区生态环境保护条例》，对碳达峰和碳中和、碳排放权交易等进行了规定。7月，浙江省十三届人大常委会第三十次会议批准《杭州市淳安特别生态功能区条例》，这是全国首部生态“特区”保护法规，为高标准保护和高质量发展定下“规矩”。9月，天津市十七届人大常委会第二十九次会议审议通过《天津市碳达峰碳中和促进条例》，这是全国首部以促进实现碳达峰、碳中和目标为立法主旨的省级地方性法规。11月，河北省十三届人大常委会第二十七次会议审议通过《河北省土壤污染防治条例》，为区域深入打好净土保卫战提供了有力法治支撑。12月，黑龙江省十三届人大常委会第二十九次会议通过《黑龙江省黑土地保护利用条例》，这是继《吉林省黑土地保护条例》之后又一部保护黑土地的地方性立法。

——制定修订一批技术规范和规范性文件。2月，国家林业和草原局、农业农村部公布《国家重点保护野生动物名录》，共列入野生动物980种和8类：国家一级保护野生动物234种和1类、国家二级保护野生动物746

种和7类。3月，自然资源部发布《自然资源分等定级通则》（TD/T 1060—2021）和《自然资源价格评估通则》（TD/T 1061—2021）两项推荐性行业标准，为科学评价和管理自然资源、全面掌握我国自然资源质量分布状况、促进自然资源保护与合理开发利用奠定了基础。8月，生态环境部印发《全国生态状况调查评估技术规范——生态系统遥感解译与野外核查》等11项技术规范，指导和规范生态状况调查评估工作。9月，生态环境部、国家发展和改革委员会、工业和信息化部发布共同修订的《中国受控消耗臭氧层物质清单》。10月，生态环境部、商务部、海关总署发布共同修订的《中国进出口受控消耗臭氧层物质名录》。

（二）生态文明执法

——全面推进生态环境监管顶层设计。中共中央、国务院印发《关于深入打好污染防治攻坚战的意见》，国务院部署制定《“十四五”生态环境保护规划》。生态环境部开展“十四五”生态环境保护相关规划和改革方案等编制工作，形成顶层设计框架和全面系统的“路线图”和“施工图”，确保党中央、国务院决策部署落实落细。

——全面开展中央生态环境保护督察。分三批对17个省（自治区）及2家中央企业开展例行督察，共受理转办群众来电来信举报约6.56万件，已基本办结或阶段办结约6.25万件，曝光典型案例91个，有效发挥警示震慑作用，生态文明建设和生态环境保护政治责任进一步压实。全力抓好长江经济带和黄河流域生态环境警示片拍摄制作，紧盯问题整改，推动高质量发展。

——推动经济社会发展全面绿色转型。4月，生态环境部办公厅发布《关于加强生态环境监督执法正面清单管理推动差异化执法监管的指导意见》。截至2021年底，全国共有正面清单企业4.5万余家。2021年7月以来，各级生态环境部门共开展非现场检查19.3万余次。11月，生态环境部印发《生态环境部关于实施“三线一单”生态环境分区管控的指导意见（试行）》，“三线一单”（生态保护红线、环境质量底线、资源利用上线和生态环境准入清单）成果加快落地应用，推动国土空间开发格局进一步优化。

——强化生态保护和建设。3月，国务院办公厅印发《关于加强草原保护修复的若干意见》，明确到2025年，草原保护修复制度体系基本建立。5月，国家能源局印发《关于2021年风电、光伏发电开发建设有关事项的通知》，大力推动风电、光伏发电项目。8月，国家林业和草原局、国家发展和改革委员会联合印发《“十四五”林业草原保护发展规划纲要》，明确了“十四五”期间我国林业草原保护发展的总体思路、目标要求和重点任务。同月，国家林业和草原局印发《乡村护林（草）员管理办法》，夯实全面推行林长制、建设生态文明的基层基础。10月，中共中央办公厅、国务院办公厅印发《关于进一步加强生物多样性保护的意见》，提出进一步加强生物多样性保护的总体目标，明确新时期生物多样性保护各项任务。国务院新闻办发布《中国的生物多样性保护》白皮书，介绍中国生物多样性保护的政策理念、重要举措和进展成效，向世界展现了中国对生物多样性保护工作的重视和担当。同月，国务院办公厅出台《关于鼓励和支持社会资本参与生态保护修复的意见》，进一步促进社会资本参与生态建设，加快推进山水林田湖草沙一体化保护和修复。11月，生态环境部印发《企业环境信息依法披露管理办法》，规范企业环境信息依法披露活动，要求相关企业披露污染物和碳排放等信息。同月，自然资源部、农业农村部、国家林业和草原局印发《关于严格耕地用途管制有关问题的通知》，切实落实《中华人民共和国土地管理法》及其实施条例有关规定，严格耕地用途管制。同月，国家林业和草原局、财政部修订《建档立卡贫困人口生态护林员管理办法》，国家林业和草原局、财政部、国家乡村振兴局印发《生态护林员管理办法》，逐步调整优化生态护林员政策。12月，水利部、中央文明办、国家发展和改革委员会、教育部、工业和信息化部等10部门发布《公民节约用水行为规范》，增强全民节约用水意识，引领公民践行节约用水责任，推动形成节水型生产生活方式。

——全面实施排污许可制。生态环境部将322.25万个固定污染源纳入管理范围，核发排污许可证35.25万张，对286.35万家污染物排放量小的固定污染源进行排污登记。组织开展排污许可证质量及执行报告“双百”检查，完成14.42万张排污许可证质量核查和5.97万份执行报告内容规范性审核。

——强化环境执法检查和惩罚。生态环境部联合最高人民检察院、公安部在打击危险废物环境违法犯罪和重点排污单位自动监测数据弄虚作假违法犯罪专项行动中查处案件7025起，罚款8.94亿元，向公安机关移送案件1266起。推动建立以自动监控为核心的远程监管体系，对全国678家焚烧厂1495台焚烧炉进行实时监管，行业稳定达标排放态势持续巩固。全年各级生态环境部门共下达处罚决定书13.28万份，罚没款数额116.87亿元。全国共新启动生态环境损害赔偿案件7000余件。

——妥善做好生态环境风险防控和应急事件处置。强化危险废物、尾矿库环境监管，深入推进危险废物整治三年行动，对全国6万余家企业开展危险废物环境风险隐患排查，发现并整治2.5万个问题。基本完成长江经济带1641座尾矿库的治理工作。稳妥处置台山核电厂1号机组燃料棒破损事件。全年调度指导处置各类突发事件147起，督办并处置27起重特大及敏感突发环境事件。

（三）生态文明司法

——出台一批环境资源司法文件。2月，最高人民法院出台《关于贯彻〈中华人民共和国长江保护法〉的实施意见》。同月，最高人民检察院印发《关于推动建立长江流域省界断面跨行政区划管辖行政公益诉讼协作机制的通知》，长江流域检察机关形成21个协作机制，实现省界断面全覆盖。同月，最高人民法院、最高人民检察院共同发布《关于执行〈中华人民共和国刑法〉确定罪名的补充规定（七）》，增加了“破坏自然保护地罪”“非法引进、释放、丢弃外来入侵物种罪”“非法猎捕、收购、运输、出售陆生野生动物罪”3项新罪名，将有关罪名简化为“危害珍贵、濒危野生动物罪”“危害国家重点保护植物罪”。11月，最高人民法院发布《贯彻实施长江保护法工作推进会会议纪要》《服务保障黄河流域生态保护和高质量发展工作推进会会议纪要》，为长江黄河流域生态文明建设和绿色发展提供更加有力的司法服务和保障。同月，最高人民检察院制定《关于充分发挥检察职能服务保障黄河流域生态保护和高质量发展的意见》，充分发挥检察职能作用，服务保障《黄河流域生态保护和高质量发展规划纲要》实施，共同抓好大保护，协同推进大治理，为黄河流域生态保护和高质量发展提供有力检察保障。12月，最高人民法院发布《关于生态环境侵权案件适用禁止令保全措施的若干规定》，明确为防止申请人合法权益或者生态环境受到难以弥补的损害，可以采取禁止令保全措施给予救济。

——办理一批环境资源类案件。2021年，全国各级人民法院受理环境资源刑事、民事、行政一审案件297,492件，审结265,341件。全国检察机关起诉破坏生态环境资源犯罪4.9万人，办理相关公益诉讼案件8.8万件。

——加强司法政策指引。2月，最高人民检察院印发《检察机关办理长江流域非法捕捞案件有关法律政策问题的解答》，落实党中央、国务院关于长江“十年禁渔”重大决策部署，依法履行刑事检察、民事检察、行政检察和公益诉讼检察职能，保障长江流域禁捕工作顺利进行。6月，最高人民法院举行新闻发布会，发布《中国环境资源审判（2020）》《中国环境司法发展报告（2020）》以及2020年度人民法院环境资源典型案例。10月，最高人民法院发布《关于新时代加强和创新环境资源审判工作　为建设人与自然和谐共生的现代化提供司法服务和保障的意见》，明确新发展阶段司法服务保障生态文明建设的任务要求。11月，最高人民检察院发布检察机关依法惩治长江流域非法捕捞水产品犯罪典型案例。12月，最高人民法院发布第31批指导案例，以生物多样性保护为专题，囊括了生态破坏、资源保护等诸多领域，涉及民事公益诉讼、行政诉讼等多种诉讼类型。

（四）国际环保合作

2月，中共中央政治局常委、国务院副总理韩正通过视频方式同欧盟委员会第一副主席蒂默曼斯举行中欧环境与气候高层对话。同月，第五届联合国环境大会在线上召开，会议主题为“加强自然保护行动，实现可持续发展目标”，生态环境部率团参会并发言。4月，中国—中东欧国家合作绿色发展和环境保护年暨2021年中国—中东欧国家线上儿童环保绘画展启动活动在北京举行。5月，2021中国—东盟可持续发展合作年活动在北京启动，国务院总理李克强、东盟轮值主席国文莱苏丹哈桑纳尔向合作年启动活动致贺信。9月，中国环境与发展国际合作委员会2021年年会在北京开幕，主题为“共建人与自然生命共同体”。同月，中共中央政治局常委、国务院副总理韩正通过视频方式同欧盟委员会执行副主席蒂默曼斯举行第二次中欧环境与气候高层对话，发布《第二次中欧环境与气候高层对话联合新闻公报》。11月，联合国环境规划署数据库收录了第二批10个中国环境资源司法案例和2018年、2019年

《中国环境资源审判》白皮书，持续拓展中国环境司法与世界各国分享交流的深度和广度。同月，中非合作论坛第八届部长级会议在塞内加尔首都达喀尔举行，发表《中非应对气候变化合作宣言》。举办“一带一路”绿色发展圆桌会等近20场主题活动，推进“一带一路”绿色发展国际联盟建设，完善“一带一路”生态环保大数据服务平台，继续实施绿色丝路使者计划和“一带一路”应对气候变化南南合作计划，凝聚绿色发展国际共识，帮助发展中国家提高环境治理水平。12月，最高人民检察院深化与欧洲环保协会等组织国际合作，共同举办“生物多样性保护暨预防性检察公益诉讼”国际研讨会，公益保护“中国方案”获得国际环境保护界和司法界好评。

八、关于法学研究、法学教育和法治宣传

2021年，中国法学研究、法学教育和法治宣传坚持以习近平新时代中国特色社会主义思想为指引，紧密结合党史学习教育，深入学习研究宣传习近平法治思想，取得显著成效。

（一）法学研究

——深入系统推进习近平法治思想研究阐释。6月，经党中央批准，习近平法治思想研究中心在中国法学会成立。这是在有关部委、人民团体和地方成立的第二批习近平新时代中国特色社会主义思想研究机构之一，激励广大法学法律工作者把学习研究、宣传贯彻习近平法治思想进一步引向深入。中国法学会以习近平法治思想为遵循，组织实施2021年度部级法学研究课题工作，设立“习近平法治思想与中国法治发展战略研究”“学习贯彻习近平法治思想与传承弘扬中国优秀传统法律文化研究”等重大重点课题，引领广大法学法律工作者深入研究阐释、大力宣传贯彻习近平法治思想；增设“习近

平法治思想研究与实践”专项委托课题，进一步发挥课题工作在习近平法治思想研究中的引导和激励作用；举办习近平法治思想论坛、中国法治论坛（2021）、第十五届中国法学青年论坛等活动，深化对习近平法治思想理论体系、学科体系、教材体系的研究，推动中国特色社会主义法治理论创新发展；编辑出版《习近平法治思想研究与实践》专刊3期、《学习贯彻习近平法治思想》专题增刊2期，刊发研究阐释习近平法治思想最新成果，营造学习贯彻习近平法治思想良好理论氛围，推动法学法律界和全社会自觉用习近平法治思想武装头脑、指导实践、推动工作。

——高质量服务党和国家工作大局。中国法学会2021年度课题将落实“十四五”规划、服务高质量发展作为重点内容，设立“构建新发展格局的法治保障研究”“加强区域协调发展法治保障研究”“防范关键领域关键系统安全风险法律问题研究”“完善对外贸易调查机制，健全产业安全救济体系”“高标准、高质量建设雄安新区法治保障问题研究”等近70项部级课题，从不同维度为“十四五”规划顺利开局提供立体化法律支撑；系统研究建党百年执政经验，设立“依法治国与依规治党”专项课题，从“中国共产党领导人民推进法治建设的实践与理论”“中国共产党依法执政规律”“中国共产党依法依规从严治党的成就与经验”“新发展阶段推进依规治党理论、制度与实践创新”等角度深入研究、总结、提炼中国共产党依法治国与依规治党的经验与规律，为实现第二个百年奋斗目标提供理论支撑。组织广大法学法律工作者紧紧围绕党中央重大法治建设规划、重大立法事项开展研究，全年召开立法专家咨询会53场，相关成果得到立法机关普遍采纳。

——加强重点领域、新兴领域和涉外领域法学研究。2021年，继续聚焦国家安全、科技创新、人工智能、数字经济、个人信息保护、涉外法治、部门法的法典化等重点热点问题，组织开展国家治理现代化、人工智能与算法、个人信息权和数据权、依法加强网络信息安全与个人信息保护、基因组学研究进展及未来趋势展望、我国法域外适用、“一带一路”国际经贸规则创新与完善等方面研究，推出一批高质量学术成果，为中央决策提供参考。

——继续深化法学各学科研究。法理学围绕习近平法治思想、党内法规、司法理论等问题开展研究。宪法学将习近平总书记关于依宪治国、依宪执政的重要论述、宪法实施与“十四五”规划的落实、新科技发展的宪法回应、中国特色合宪性审查制度等作为研究重点。行政法学深入研究行政法基础理论、行政法法典化、应急法治、行政复议、行政处罚、数字法治政府、个人信息保护等重要问题。刑法学针对刑法的再法典化、高空抛物罪、网络犯罪的刑法规制、刑民交叉等热点问题加大研究力度。民法学继续聚焦民法典及相关司法解释适用等问题开展研究。商法学深入研究商事立法、商事审判、商法教学中的重点难点。经济法学持续深化在数字经济与经济法的理论创新和制度完善等方面的研究。刑事诉讼法学将认罪认罚从宽、企业刑事合规、少捕慎诉慎押刑事司法政策等作为研究重点。民事诉讼法学继续围绕民事诉讼法的修改、构建中国特色民事诉讼法学理论以及破解实务中的热点难点问题开展研究。知识产权法学将民法典与知识产权基础理论、著作权法、专利法、商标法、知识产权学科建设、知识产权全球化等作为研究重点。国际法学围绕中国法域外适用的制度构建、部门法中的中国法域外适用、国内法域外适用的冲突与国际私法路径选择等问题进行深入研究。数字法学、党内法规学、社会治理法学等新兴学科、交叉学科建设继续推进。

（二）法学教育

——推动习近平法治思想“进教材、进课堂、进头脑”。9月，由中央宣传部、中国法学会组织编写的马克思主义理论研究和建设工程重点教材《习近平法治思想概论》（以下简称《概论》）正式出版。《概论》由“绪论＋三编”构成，共20章，近27万字，阐释了习近平法治思想的鲜明特色、重大意义、丰富内涵、核心要义、科学方法、实践要求，全面反映了习近平法治思想是一个内涵丰富、论述深刻、逻辑严密、系统完备的科学理论体系，是马克思主义法治理论中国化最新成果，是习近平新时代中国特色社会主义思想的重要组成部分，是全面依法治国的根本遵循和行动指南。《概论》坚持忠实于原著、原文、原意，坚持学理化阐释、学术化表达、体系化构建，是高校法学类专业学生系统学习掌握习近平法治思想的重点教材。5 月，教育部印发《关于推进习近平法治思想纳入高校法治理论教学体系的通知》，指导各地各高校全面推进习近平法治思想学习教育工作；修订《法学专业类教学质量国家标准》，明确“习近平法治思想概论”在法学类专业的核心地位；要求各法学院校修订法学专业人才培养方案，于 2021 年秋季学期前面向法学专业本科生开设“习近平法治思想概论”课程。同月，为提高法学专业教师教育教学水平，教育部高教司、社科司面向全国法学专业教师和思政课教师推出习近平法治思想大讲堂。截至 12 月底，全国共有 1563 所高校的 2 万余名法学专业教师和近 10 万名思政课教师参训。10 月，中国法学会培训中心在北京举办“基层司法行政机关学习习近平法治思想培训班”。

——多措并举开展党史学习教育和建党百年庆祝活

动。2021 年，全国各法学院校结合自身特色，在夯实法律专业综合素质的同时，采取多种形式加强“党史、新中国史、改革开放史、社会主义发展史”学习，提升学生的政治素质和马克思主义水平。开设马克思主义法学经典文献、马克思主义法学中国化、革命根据地法制研究、中国当代法治建设、习近平法治思想等课程，举办“党领导立法”“百年人权发展史”“百年部门法史”“百年来中国共产党依规治党”等主题的学术演讲和成果报告会。3 月，党史学习教育中央宣讲团在渝高校宣讲座谈会在西南政法大学举行。4 月，北京大学法学院举办“学习党史守初心使命，践行法治护国家安全”普法宣传系列活动，启动以“百年风华炼初心，今朝溯源缘法行”为主题的 2021 年北大法律文化节。5 月，由华东政法大学创排的大型话剧《雷经天》成功首演，生动再现新民主主义革命时期中国共产党人领导法治建设的历史。同月，“庆祝中国共产党成立 100 周年党史高峰论坛”在中国政法大学举行。6 月，中南财经政法大学在武汉举办“2021 年华中地区高校法学青年研习会”，主题为“中国共产党领导下的百年法治征程”。同月，“庆祝中国共产党成立 100 周年学术研讨会暨首届党内法规西部论坛”在重庆召开。11 月，由教育部高校法学类专业教学指导委员会和中国法学会法学教育研究会共同举办的“中国共产党百年与中国法学教育”论坛在厦门召开。

——创新涉外法治人才培养机制。2月，教育部、司法部部署北京大学、清华大学、中国人民大学、复旦大学等15所高校实施法律硕士专业学位（涉外律师）研究生培养项目，共招收涉外律师方向研究生589名，加快培养国家急需的涉外法治人才。4月，中国法学会2021年度“涉外法治高端人才培养”项目正式启动，15位中青年涉外法治专家成为第二批学员。该项目以习近平法治思想为指导，以“培养政治过硬、业务专精、外语娴熟、经验丰富、能够深度参与国际法律事务、直接为涉外法律斗争提供对策建议的高端人才”为目标，坚持问题导向、实践导向、结果导向，为服务党和国家涉外法治工作提供智力支撑和人才保障。6月，法学教育创新联盟涉外法治人才培养高端论坛在天津大学法学院举行，达成《法学教育创新联盟涉外法治人才培养天津共识》。12月，为贯彻落实党中央、国务院关于加强涉外法治人才培养的重要指示精神，教育部出台《关于加快高校涉外法治人才培养的实施意见》，聚焦涉外法治人才培养过程中的关键领域和重点环节，围绕政治方向、教学资源建设、学生能力培养、国际交流合作、育人平台建设等方面，提出18条可操作可落实的具体举措。

——开展校地合作助推地方法治建设。8月，中国政法大学与青海省人民政府在西宁签署共建“法治青海”战略合作框架协议。6月、9月，华东政法大学、中国政法大学先后与新疆维吾尔自治区高级人民法院签署战略合作框架协议，校院双方共同为“法学研究与实践基地暨法院系统高层次人才进修基地”揭牌，标志着与新疆法院共建法律人才培养机制工作取得新进展。11月，中国政法大学与北京市通州区人民政府共同签署《通州区人民政府与中国政法大学战略合作协议》，进一步加强法治交流合作、推动创新发展。

（三）法治宣传

——积极推进习近平法治思想学习宣传走深走实。编辑出版《习近平法治思想学习纲要》，作为广大干部群众深入学习贯彻习近平法治思想的权威辅助读物。举办省部级、厅局级干部学习贯彻习近平法治思想专题研讨班，推动学习宣传贯彻习近平法治思想不断取得新成效。扎实开展习近平法治思想学习宣传系列活动，把习近平法治思想的学习宣传作为“八五”普法的主题主线和首要任务，作为制定全国和各地区、各部门“八五”普法规划的根本遵循。

——组织开展“12·4”国家宪法日系列宣传活动。全国人大常委会办公厅会同中央宣传部、司法部在北京召开“全面贯彻实施宪法，不断发展全过程人民民主”

座谈会，进一步全面贯彻实施宪法，推进全面建设社会主义现代化国家。中央宣传部、司法部、全国普法办围绕“以习近平法治思想为指引　坚定不移走中国特色社会主义法治道路”主题，组织开展系列“宪法宣传周”主题宣传活动。结合党史学习教育，依托西柏坡纪念馆、陕甘宁边区高等法院旧址、“五四宪法”历史资料陈列馆、中华苏维埃共和国司法人民委员部旧址等全国法治宣传教育基地，分别由河北、陕西、浙江、江西等地组织开展“一切为了人民——传承红色法治基因”“宪法宣传周”专题宣传活动；根据党中央关于推动宪法学习宣传教育的有关精神，举办宪法进农村、宪法进社区、宪法进校园、宪法进机关、宪法进企业、宪法进军营、宪法进网络等七场主题活动。教育部组织开展国家宪法日教育系统“宪法晨读”活动和第六届“全国学生学宪法讲宪法”活动，宪法在线学习人次累计超过83亿。司法部、全国普法办、中央电视台主办国家宪法日特别节目“宪法的精神　法治的力量——CCTV 2021年度法治人物颁奖礼”。

——扎实开展民法典学习宣传。2月，中央电视台《法律讲堂》栏目播出文史版春节系列节目《年话民法典》。5月，司法部会同中央宣传部、中央网信办、全国人大常委会法工委等8部门印发《“美好生活·民法典相伴”主题宣传方案》，中央宣传部、司法部、全国普法办在湖南省郴州市沙洲村举行2021年全国文化科技卫生“三下乡”集中示范活动暨“美好生活·民法典相伴”主题宣传启动仪式，推动民法典走到群众身边、走进群众心里。

——全面启动实施“八五”普法规划。6月，中共中央、国务院转发《中央宣传部　司法部关于开展法治宣传教育的第八个五年规划（2021—2025年）》，全国人大常委会通过《关于开展第八个五年法治宣传教育的决议》，对今后五年全民普法作出全面部署。10月，中央宣传部、司法部联合召开第九次全国法治宣传教育工作会议，对“八五”普法作出全面动员部署。在全国“七五”普法总结验收的基础上，中央宣传部、司法部、全国普法办联合印发《关于表彰2016—2020年全国普法工作先进单位、先进个人和依法治理创建活动先进单位的决定》，对1444个全国普法工作先进单位、1538名全国普法工作先进个人和505个全国依法治理创建活动先进单位予以表彰。

——深入推进基层依法治理。深入开展“全国民主法治示范村（社区）”创建活动，司法部、民政部联合印发《关于命名第八批“全国民主法治示范村（社区）”的决定》，命名第八批“全国民主法治示范村（社区）”，制作“全国民主法治示范村（社区）”电子地图。深入开展“法律明白人”培养工作，中央宣传部、司法部、民政部、农业农村部、国家乡村振兴局、全国普法办联合印发《乡村“法律明白人”培养工作规范（试行)》，为实施乡村振兴战略、推进法治乡村建设提供基层法治人才保障。培育农村学法用法示范户，司法部、农业农村部联合印发《培育农村学法用法示范户实施方案》，推动全面依法治国各项措施在乡村落地生根。开展第二批“全国普法依法治理创新案例”评选，鼓励地方和基层聚焦问题开展差异化探索，总结“七五”普法规划实施以来各地区、各部门在普法依法治理工作中创造的好经验好做法。

——精心组织“百名法学家百场报告会”活动（以下简称“双百”活动)。“双百”活动是由中央组织部、中央宣传部、中央政法委、教育部、司法部和中国法学会联合主办的法治宣讲活动。6月，“双百”活动组委会会议在北京召开，中共中央政治局委员、全国人大常委会副委员长、中国法学会会长王晨出席会议并讲话。2021年度“双百”活动以“深入学习宣传贯彻习近平法治思想”为重大宣讲主题，以“弘扬宪法精神，保证宪法全面实施”“积极推动民法典实施，依法更好保障人民合法权益”“学习贯彻党内法规，做合格党员”为重点宣讲专题，在全国共组织开展宣讲报告会6万余场，听众达3510万余人次。

——继续开展“青年普法志愿者法治文化基层行”

活动。2021年，全国各地共组织“青年普法志愿者法治文化基层行”线下线上普法活动近百万场，参与法治宣传志愿者209万余人次，发放普法宣传材料1.13亿余册，普法受众2.17亿余人次，活动遍及全国各省、市、县。

——不断丰富普法内容和形式。3月，中央办公厅、国务院办公厅印发《关于加强社会主义法治文化建设的意见》，把社会主义法治文化建设作为推进全面依法治国的重要支撑。中央宣传部、中央网信办、司法部、中国法学会组织开展全国第十七届法治动漫微视频作品征集展播活动，评选出142部获奖作品并上传到中国普法网，供全社会免费下载使用。在《法治日报》推出“奋斗百年路　启航新征程·法治足迹”系列报道，对22个具有红色法治元素的全国法治宣传教育基地进行广泛宣传。中央网信办和司法部联合召开全国网络普法工作电视电话会议，推动各地集中优势资源开展网络普法。在中国普法微信公众号举办国家安全、应急管理等专项答题活动，总参与人次超过4.91亿。

九、关于涉外法治工作

2021年，中国大力推动司法协助和国际反腐败合作，积极参与国际立法活动，持续推进国际和区域法治对话，深入开展对外法学交流，取得积极成果。

（一）司法协助和国际反腐败合作

——司法协助缔约工作。2021年，中国批准了与智利、摩洛哥的引渡条约，与伊朗的刑事司法协助条约、民事和商事司法协助条约，与比利时的移管被判刑人条约。

——追逃专项工作。2月，“天网2021”行动启动。截至2021年底，共追回外逃人员1273名，其中监察对象318人、“红通人员”22人，追赃金额167.4亿元人民币。

——多边领域。6月，中共中央政治局常委、中央纪委书记赵乐际在北京以视频方式，出席“预防和打击腐败的挑战和举措，加强国际合作”联合国大会特别会议，发表题为《秉持人类命运共同体理念，共建清正廉洁的地球家园》的讲话，就反腐败国际合作提出四项主张，即坚持公平正义、惩恶扬善，坚持尊重差异、平等互鉴，坚持合作共赢、共商共建，坚持信守承诺、行动优先。会议期间，联合国毒品和犯罪问题办公室举行全球反腐败执法合作网络启动仪式。12 月，中方代表团以视频方式出席在埃及举行的《联合国反腐败公约》第九届缔约国会议并接受采访，强调中方愿以反腐败国际合作“四项主张”为引领，为全球反腐败治理贡献中国方案和力量。

——研讨工作。11 月，中央纪委国家监委以线上方式举办非洲国家反腐败研修班，内容包括专题介绍和经验交流等，旨在贯彻落实习近平主席在中非合作论坛北京峰会上的重要讲话精神，11 个国家的 109 名反腐败机构官员在线参加。同月，最高人民法院代表参加在北京举办的“法治模式下反腐败追逃追赃国际合作论坛暨第五届反腐败追逃追赃国际研讨会”，各方围绕“法治模式下反腐败追逃追赃国际合作”主题，针对“科技变革背景下反腐败追逃追赃国际合作新视角”“刑事缺席审判程序的理论与实践”“违法所得没收程序的完善”“企业反腐败合规建设的国际经验和国内实践”“反腐败追逃追赃国际合作的进程与展望”等问题展开研讨。来自包括联合国毒品和犯罪问题办公室、国际刑法学协会等国际组织和机构在内的 160 余位国内外专家学者参加论坛。

（二）参与国际立法活动

——国际环境保护、气候变化、极地事务方面。4月，国家主席习近平在中法德领导人视频峰会上宣布，中国已决定接受《〈关于消耗臭氧层物质的蒙特利尔议定书〉基加利修正案》，加强氢氟碳化物等非二氧化碳温室气体管控。同月，国家主席习近平在北京以视频方式出席领导人气候峰会，并发表题为《共同构建人与自然生命共同体》的重要讲话，强调要坚持人与自然和谐共生、坚持绿色发展、坚持系统治理、坚持以人为本、坚持多边主义、坚持共同但有区别的责任原则，共同构建人与自然生命共同体。5月，国务院总理李克强以视频形式出席第二届全球绿色目标伙伴2030峰会并致辞，提出共同打赢全球抗疫阻击战、推动绿色低碳转型、照顾发展中国家特殊困难三点建议，并强调绿色决定了未来发展的成色。峰会发布了成果文件《首尔宣言》。同月，由中国最高人民法院、联合国环境规划署联合举办的世界环境司法大会在昆明开幕，国家主席习近平向大会致贺信，最高人民法院院长周强出席并致辞，大会主题为“发挥司法作用　促进生态文明：共建地球生命共同体”，议题包括“司法在全球环境治理中的作用”“环境司法的裁判原则”“生物多样性司法保护”“气候变化司法应对”等，会议通过《世界环境司法大会昆明宣言》。同月，中国核准了《预防中北冰洋不管制公海渔业协定》（以下简称《协定》），并向《协定》保管者加拿大交存核准书，展现了中国作为北极事务重要利益攸关方对北极生态环境保护和开展负责任渔业活动的高度重视，是中国坚持“尊重、合作、共赢、可持续”基本原则参与北极事务的又一重要实践。6月，中国政府正式接受《〈关于消耗臭氧层物质的蒙特利尔议定书〉基加利修正案》，开启协同应对臭氧层耗损和气候变化的历史新篇章。10月，国家主席习近平以视频方式出席在昆明举行的《生物多样性公约》第十五次缔约方大会领导人峰会并发表主旨讲话，强调秉持生态文明理念，共同构建地球生命共同体，共同建设清洁美丽的世界；大会通过《昆明宣言》，宣布中国将率先出资成立昆明生物多样性基金，为全球生物多样性治理提供了政治推动力。11月，国家主席习近平向《联合国气候变化框架公约》第二十六次缔约方大会世界领导人峰会发表书面致辞，提出维护多边共识、聚焦务实行动、加速绿色转型三点建议。

——国际海洋法方面。6月，《联合国海洋法公约》第31次缔约国会议在纽约举行，各方围绕联合国秘书长报告及《联合国海洋法公约》下设国际海洋法法庭、国际海底管理局和大陆架界限委员会三大机构工作等展开讨论，包括中国在内的120多个缔约国参加会议。12

月，国际海底管理局第26届会议在牙买加举行，大会重点讨论了开发规章制定路线图、财务委员会委员补选、海管局支持联合国海洋科学促进可持续发展十年行动计划实施情况等重要议题；中方代表参会并在大会“秘书长报告”议题下一般性辩论中发言。同月，中国代表在第76届联合国大会“海洋和海洋法”议题下发言，强调保护海洋环境、促进海洋可持续发展、通过开发利用海洋增进人类共同福祉，离不开践行真正的多边主义，表示中方将加强互利合作，完善全球海洋治理，推动构建海洋命运共同体。

——国际刑法方面。5月，中国代表团参加联合国预防犯罪和刑事司法委员会第30届会议并发言，全面宣介以习近平法治思想为指导，加强预防犯罪和刑事司法工作的成就和经验，会议围绕“有效预防和打击偷运移民，保护移民尤其是妇女儿童，包括无人陪伴儿童的权利”进行了专题讨论。同月，第75届联合国大会通过关于《联合国打击网络犯罪公约》谈判安排的决议，确定2022年1月正式启动公约谈判，标志着联合国主导下首个网络国际公约谈判正式拉开帷幕；中方表示将建设性参与公约谈判，与各方密切合作，共同推动尽早达成一项具有权威性、普遍性的公约。7月，中国代表团以视频方式参加金砖国家反恐工作组第六次会议，与会各方主要就国际地区反恐形势、各国反恐举措和金砖国家反恐合作交换意见。会前，中方牵头举办了金砖国家反恐工作组去极端化分工作组会议，全面阐述中方去极端化政策主张。中方还出席了印度、南非、巴西、俄罗斯分别主持的打击网络恐怖主义、反恐怖融资、反恐能力建设和打击外国恐怖作战分子分工作组会议。中方代表团还参加了《联合国打击跨国有组织犯罪公约》（以下简称《公约》）国际合作工作组第十二次会议、贩运人口工作组第十一次会议、偷运移民工作组第八次会议等《公约》框架下工作组会议，阐述中方立场主张，分享打击相关犯罪的实践和经验，推动国际交流与合作。

——国际空间法方面。6月，联合国和平利用外空委员会法律小组委员会召开第60届会议，中国代表团与有关国家一道，推动小组委员会设立工作组，就空间资源开发与利用问题讨论制定国际规则。8月，联合国和平利用外空委员会举行第64届会议，中国代表团继续积极参与外空活动长期持续性、空间资源开发与利用、联合国“空间2030”议程等重要谈判，发挥建设性作用。中国代表团还在多个议题下发言，介绍中国在载人航天、卫星导航等领域取得的进展，以及大力推进和平利用外空国际合作的经验做法，强调支持联合国外空委继续在和平利用外空全球治理和国际合作中发挥主平台作用，广泛开展交流对话，提升空间技术和应用对实现可持续发展目标的促进作用。

——其他方面。10月，海牙国际私法会议视频举行“管辖权项目”第一次工作组会议，具体讨论了制定平行诉讼规则的宗旨、适用范围、排除事项、管辖权规则和更适合法院规则与平行诉讼的关系等问题，中国代表团以视频方式参会。11月，中国代表团参加第76届联合国大会裁军与国际安全委员会会议，会议表决通过中国提交的“在国际安全领域促进和平利用国际合作”决议草案。这是近30年来，中国首次在联合国围绕国际军控裁军问题提出并推动通过决议。同月，中国代表团参加《烟草控制框架公约》第九届缔约方大会及《消除烟草制品非法贸易议定书》第二届缔约方会议，大会决定设立控烟投资基金，并通过了《烟草控制框架公约》与疫情复苏宣言。中方就做好控烟工作提出“聚焦重点、提质增效，结合国情、务实履约，加强统筹、综合施策”三点主张。

（三）政府间法治对话

——联合国框架下的对话。9月，国家主席习近平以视频方式出席第76届联合国大会一般性辩论，并发表题为《坚定信心　共克时艰　共建更加美好的世界》的重要讲话，郑重提出全球发展倡议，为完善全球治理提供中国方案，强调联合国应该高举真正的多边主义旗帜，致力于稳定国际秩序，在推动国际关系民主化和法治化方面走在前列，平衡推进安全、发展、人权三大领域工作，把各方对多边主义的承诺落到实处。10月，中方代表在第76届联合国大会法律委员会一般性辩论中就“国内与国际法治”等多项议题发言，明确中国将坚定支持联合国和国际法院工作，共同维护以联合国为核心的国际体系和以国际法为基础的国际秩序。

——上海合作组织框架下的对话与合作。4月，最高人民法院在中国—上海合作组织国际司法交流合作培训基地以视频方式举办第二届上合组织国家法官研讨班，来自俄罗斯、哈萨克斯坦、塔吉克斯坦和乌兹别克斯坦的27位法官参加。6月，国务委员、公安部部长赵克志以视频方式出席上海合作组织成员国安全会议秘书第十六次会议并发言，就加强上合组织安全合作提出五点建议，即加强战略沟通，凝聚安全共识；协调涉阿立场，推动和解进程；反对单边主义，抵制外来干涉；打击跨国犯罪，维护共同利益；加强信息保护，维护数据安全。9月，最高人民法院院长周强以视频方式参加由吉尔吉斯共和国最高法院主办的第十六次上海合作组织成员国最高法院院长会议并作专题发言，与会代表围绕司法领域新情况新问题，就进一步深化国际司法交流合作开展深入磋商，会议通过《第十六次上海合作组织成员国最高法院院长会议联合声明》。10月，最高人民检察院检察长张军以视频方式出席第十九次上海合作组织成员国总检察长会议并围绕“打击拐卖妇女、儿童犯罪”主题作主旨发言，介绍中国检察机关打击拐卖妇女、儿童犯罪的具体举措和成效，围绕各国加强妇女儿童权益保护执法司法合作提出建议。11月，最高人民法院院长周强出席在青岛举行的中国—上合组织国家地方法院大法官论坛并致辞，各方围绕“深化上合组织框架内地方法院司法合作”主题开展对话研讨。此次论坛是上合组织框架下首次举行的地方法院大法官论坛。

——东盟框架下的对话与合作。12月，最高人民法院院长周强以视频方式出席第五届中国—新加坡法律和司法圆桌会议并致辞，会议围绕“在线诉讼规则”“知识产权案件审理的最佳实践”“制定争端管理新范式，促进‘一带一路’基础设施建设”“‘一带一路’商事领域法律的统一适用”等议题开展交流研讨。中新两国最高法院首次采取“云签署”形式签署了《关于推动法官继续教育的合作谅解备忘录》《关于法律查明问题的合作谅解备忘录》。同月，最高人民法院院长周强与越南共产党中央政治局委员、中央书记处书记、最高人民法院院长阮和平举行视频会议。周强院长向越方介绍了中国近年来推进全面依法治国和司法体制改革的有关情况，分享了中国司法改革经验。阮和平院长高度评价习近平法治思想，称赞习近平总书记关于法治建设、司法改革的论述高瞻远瞩，对越南司法改革很有意义，对中国最高人民法院在司法改革中牢牢坚持党的绝对领导、坚持以人民为中心等经验表示赞赏，向中国在新冠疫情防控中取得的巨大成就表示祝贺。9月，最高人民检察院与越南最高人民检察院以视频方式召开业务研讨会，就检察改革主题进行研讨。

——金砖国家框架下的对话与合作。8月，中共中央政治局委员、中央外事工作委员会办公室主任杨洁篪在北京出席第十一次金砖国家安全事务高级代表视频会议，强调金砖国家要遵照五国领导人共同指引，秉持开放包容合作共赢的金砖精神，加强战略沟通，增进政治互信，深化安全事务协调，为即将举行的金砖国家第十三次领导人会晤做好各项准备工作。各方就国际和地区热点问题、执法机构合作、卫生安全、反恐及网络安全等议题交换意见，一致同意加强沟通协调和团结合作。11月，全国人大常委会副委员长沈跃跃以视频方式出席第七届金砖国家议会论坛并发言，表示金砖国家立法机构要加强沟通合作，推动金砖伙伴关系朝着更高质量方向发展，为世界和平与发展作出积极贡献。同月，最高人民法院代表出席第七届金砖国家国际竞争大会并致辞，表示中国法院将深入践行习近平法治思想，坚持依法平等保护中外当事人合法权益，加强反垄断和反不正当竞争司法，积极营造市场化、法治化、国际化营商环境。来自不同国家和地区及有关国际组织的近400名代表以线上线下方式围绕“开放·竞争·发展”主题进行了研讨交流。

——亚洲—非洲法律协商组织框架下的对话与合作。11月，国务院总理李克强以视频方式出席亚洲—非洲法律协商组织第59届会议并致辞，充分肯定亚非法协为加强亚非国家团结协作、促进国际法发展作出的重要贡献，提出坚持主权平等、共同践行多边主义，推进互联互通、共同实现开放共赢，筑牢疫情防线、共同强化卫生全球治理，加快绿色转型、共同推动可持续发展，秉持公平正义、共同加强国际法治等五点倡议，并宣布在香港特别行政区设立亚非法协区域仲裁中心。

——亚太区域的对话与合作。9月，最高人民法院院长周强以视频方式出席俄罗斯最高法院主办的第十一届亚太地区国际法律论坛并致辞，表示中国最高人民法院愿同与会各方进一步加强司法交流互鉴，为推动共建“一带一路”高质量发展、构建人类命运共同体作出积极贡献。

——与拉共体国家之间的对话与合作。4月，最高人民法院院长周强在北京通过视频方式，与玻利维亚最高法院院长奥尔韦斯·埃奎斯·奥利瓦举行工作会谈，进一步密切中玻最高法院间的友好合作关系，丰富双边关系内涵，更好配合国家外交大局和“一带一路”倡议。6月，最高人民检察院检察长张军与古巴总检察长雅米拉·培尼亚·奥赫达视频会晤，就进一步加强中古司法交流合作进行会谈，并签署《中华人民共和国最高人民检察院和古巴共和国总检察院2021—2022年合作计划》。

——其他方面。10月，最高人民法院以线上线下相结合的方式在福建省泉州市举办海上丝绸之路（泉州）司法合作国际论坛，最高人民法院院长周强在开幕式和闭幕式上致辞，并作主旨发言，来自21个国家和3个国际组织的代表围绕“加强司法合作　推动共赢发展”主题开展研讨交流。

（四）对外法学交流

1月，最高人民法院在北京举办以“‘一带一路’框架下商事争端解决”为主题的新加坡法官研修班，包括新加坡最高法院全体法官在内的48名法官及司法官员以线上方式参加了研修班，有效落实了中新双方合作谅解备忘录和圆桌会议机制。

3月，中国最高人民法院和老挝最高人民法院在北京共同举办第二期老挝法官研修班，围绕中国独任审判制度、中国知识产权审判制度、新冠肺炎疫情期间在人民法院开展审判工作的相关知识和经验等内容，开展线上专题讲座和交流研讨。中国最高人民法院、老挝最高人民法院相关部门负责人和25名老挝法官学员参加活动。

5月，由中国法学会主办的“中国—南亚法律培训基地第六期研修班”以线上方式在上海举办，围绕习近平法治思想、中国商事仲裁国际化与本土化、中国新冠肺炎防控法律制度、中国共产党领导下的法治中国、“一带一路”倡议发展展望、中国刑事司法制度等专题开展线上交流与研讨，来自南亚地区8个国家的107名法律工作者参加了培训。

6月，由中国法学会主办的“中非法律人才交流项目第八期研修班”以线上方式在北京举办，围绕习近平法治思想、中国外商投资保护法律制度及实践、“一带一路”相关法律问题分析、“一带一路”与非洲自贸区建设对接法治保障、中国知识产权保护法律制度及创新等专题开展线上交流与研讨，来自非洲21个国家的211名法律工作者参加了培训。

11月，由中国法学会主办的中国法治国际论坛（2021）在北京举办，论坛主题为“‘一带一路’国际经贸规则创新与完善”。中共中央政治局委员、全国人大常委会副委员长、中国法学会会长王晨出席论坛并发表主旨演讲，强调中方愿同各国一道，维护以联合国为核心的国际体系，维护以国际法为基础的国际秩序，深化“一带一路”法治合作，构建更高水平的国际经贸规则，共促世界经济复苏和增长。王晨提出四点倡议：支持各方维护以世界贸易组织为核心的多边贸易体制；加强政策、规则、标准联通，畅通贸易和投资合作渠道；推动制定数字经济等新兴领域国际规则，鼓励使用安全可靠的数字化手段促进跨境贸易便利化；完善国际商事争端解决机制，公正高效便利地解决国际商事争端。中国法学会党组书记、常务副会长陈训秋主持开幕式并宣读成果文件《中国法治国际论坛（2021）北京宣言》。来自中国、俄罗斯、巴西等20个国家和地区以及国际组织的代表通过线上线下方式参会并进行研讨交流。

12月，由中国现代国际关系研究院主办的第二届反恐国际研讨会在北京举办，来自俄罗斯、美国、英国等17国官员、反恐机构负责人和反恐领域专家学者，围绕“反恐新形势、新威胁、新挑战和共同应对新举措”主题，以视频方式进行了研讨交流。

结束语

2022年是我国进入全面建设社会主义现代化国家、向第二个百年奋斗目标进军新征程的重要一年。中国共产党将召开第二十次全国代表大会，这是我们党和国家政治生活中的一件大事。

党的十九届六中全会通过的《中共中央关于党的百年奋斗重大成就和历史经验的决议》指出："全面依法治国是中国特色社会主义的本质要求和重要保障，是国家治理的一场深刻革命。"在全面建设社会主义现代化国家新征程上，广大法学法律工作者要坚持用习近平法治思想武装头脑、指导实践、推动工作，自觉做习近平法治思想的坚定信仰者、积极传播者、模范践行者，推动开创法治中国建设新局面，谱写新时代全面依法治国新篇章。一是必须坚持党的领导，深刻领悟"两个确立"的决定性意义，增强"四个意识"、坚定"四个自信"、做到"两个维护"，不断提高政治判断力、政治领悟力、政治执行力。二是深刻认识坚持全面依法治国、推进法治中国建设的重大战略意义，深入贯彻党中央全面依法治国战略部署，全面实施法治中国建设规划，全面落实法治社会建设实施纲要。三是提高立法质量和效率，加快完善以宪法为核心的中国特色社会主义法律体系。四是提高依法行政水平，在法治轨道上推进政府各项工作。加快建设法治政府，全面贯彻落实法治政府建设实施纲要。五是确保司法公正高效权威，努力让人民群众在每一个司法案件中感受到公平正义。深化司法责任制综合配套改革，全面落实司法责任制，完善诉讼制度，加强法律服务体系建设。六是加强对法治实施的监督，保证国家机关切实履行法治实施职责。七是加强法治专门人才队伍建设，为法治中国建设提供人才支撑和智力支撑。八是弘扬社会主义法治精神，建设社会主义法治文化，夯实法治社会建设基础，加快实现社会治理法治化。

2022 年，站在新的历史起点，我们要坚持以习近平法治思想为指导，加快推进法治中国建设，为全面建设社会主义现代化国家、实现中华民族伟大复兴的中国梦提供有力法治保障，以优异成绩迎接党的二十大胜利召开！

附　录

一、2021 年全国人大及其常委会制定和修改的法律、法律解释及决定目录（54 件）

（一）制定法律 17 件

1. 中华人民共和国海警法
2. 中华人民共和国乡村振兴促进法
3. 中华人民共和国反食品浪费法
4. 中华人民共和国数据安全法
5. 中华人民共和国海南自由贸易港法
6. 中华人民共和国军人地位和权益保障法
7. 中华人民共和国印花税法
8. 中华人民共和国反外国制裁法
9. 中华人民共和国个人信息保护法
10. 中华人民共和国监察官法
11. 中华人民共和国法律援助法
12. 中华人民共和国医师法
13. 中华人民共和国家庭教育促进法
14. 中华人民共和国陆地国界法
15. 中华人民共和国反有组织犯罪法

16. 中华人民共和国湿地保护法

17. 中华人民共和国噪声污染防治法

（二）修改法律26件

1. 中华人民共和国动物防疫法（修订）

2. 中华人民共和国行政处罚法（修订）

3. 全国人民代表大会关于修改《中华人民共和国全国人民代表大会组织法》的决定

4. 全国人民代表大会关于修改《中华人民共和国全国人民代表大会议事规则》的决定

5. 中华人民共和国香港特别行政区基本法附件一香港特别行政区行政长官的产生办法（修订）

6. 中华人民共和国香港特别行政区基本法附件二香港特别行政区立法会的产生办法和表决程序（修订）

7. 中华人民共和国海上交通安全法（修订）

8. 全国人民代表大会常务委员会关于修改《中华人民共和国教育法》的决定

9—16. 全国人民代表大会常务委员会关于修改《中华人民共和国道路交通安全法》等8部法律的决定

8部法律是：《中华人民共和国道路交通安全法》《中华人民共和国消防法》《中华人民共和国进出口商品检验法》《中华人民共和国广告法》《中华人民共和国草原法》《中华人民共和国民用航空法》《中华人民共和国海关法》《中华人民共和国食品安全法》

17. 全国人民代表大会常务委员会关于修改《中国人民解放军选举全国人民代表大会和县级以上地方各级人民代表大会代表的办法》的决定

18. 中华人民共和国军事设施保护法（修订）

19. 全国人民代表大会常务委员会关于修改《中华人民共和国安全生产法》的决定

20. 中华人民共和国兵役法（修订）

21. 全国人民代表大会常务委员会关于修改《中华人民共和国人口与计划生育法》的决定

22. 全国人民代表大会常务委员会关于修改《中华人民共和国审计法》的决定

23. 中华人民共和国科学技术进步法（修订）

24. 全国人民代表大会常务委员会关于修改《中华人民共和国种子法》的决定

25. 全国人民代表大会常务委员会关于修改《中华人民共和国民事诉讼法》的决定

26. 全国人民代表大会常务委员会关于修改《中华人民共和国工会法》的决定

（三）通过有关法律问题和重大问题的决定11件

1. 全国人民代表大会常务委员会关于设立北京金融法院的决定

2. 全国人民代表大会关于完善香港特别行政区选举制度的决定

3. 全国人民代表大会常务委员会关于加强中央预算审查监督的决定（修订）

4. 全国人民代表大会常务委员会关于授权国务院在自由贸易试验区暂时调整适用有关法律规定的决定

5. 全国人民代表大会常务委员会关于授权上海市人民代表大会及其常务委员会制定浦东新区法规的决定

6. 全国人民代表大会常务委员会关于开展第八个五年法治宣传教育的决议

7. 全国人民代表大会常务委员会关于授权最高人民法院组织开展四级法院审级职能定位改革试点工作的决定

8. 全国人民代表大会常务委员会关于授权国务院在营商环境创新试点城市暂时调整适用《中华人民共和国计量法》有关规定的决定

9. 全国人民代表大会常务委员会关于授权国务院在部分地区开展房地产税改革试点工作的决定

10. 全国人民代表大会常务委员会关于深化国防动员体制改革期间暂时调整适用相关法律规定的决定

11. 全国人民代表大会常务委员会关于加强经济工作监督的决定（修订）

二、2021 年国务院制定和修改的行政法规目录（16 件）

1. 医疗保障基金使用监督管理条例

2. 排污许可管理条例

3. 防范和处置非法集资条例

4. 行政事业性国有资产管理条例

5. 医疗器械监督管理条例（修订）

6. 粮食流通管理条例（修订）

7. 中华人民共和国民办教育促进法实施条例（修订）

8. 生猪屠宰管理条例（修订）

9. 中华人民共和国土地管理法实施条例（修订）

10. 建设工程抗震管理条例

11. 中华人民共和国市场主体登记管理条例

12. 关键信息基础设施安全保护条例

13. 国务院关于废止部分行政法规的决定（国令第747号）

14. 地下水管理条例

15. 证券期货行政执法当事人承诺制度实施办法

16. 国务院关于修改《中华人民共和国烟草专卖法实施条例》的决定

三、2021年最高人民法院、最高人民检察院发布的司法解释（27件）

1. 最高人民法院关于适用《中华人民共和国刑事诉讼法》的解释

2. 最高人民法院　最高人民检察院关于执行《中华人民共和国刑法》确定罪名的补充规定（七）

3. 最高人民法院关于审理侵害知识产权民事案件适用惩罚性赔偿的解释

4. 最高人民法院关于北京金融法院案件管辖的规定

5. 最高人民法院关于审理国家赔偿案件确定精神损害赔偿责任适用法律若干问题的解释

6. 最高人民法院关于办理行政申请再审案件若干问题的规定

7. 最高人民法院关于正确确定县级以上地方人民政府行政诉讼被告资格若干问题的规定

8. 最高人民法院　最高人民检察院关于办理窝藏、包庇刑事案件适用法律若干问题的解释

9. 最高人民法院关于修改《关于审理掩饰、隐瞒犯罪所得、犯罪所得收益刑事案件适用法律若干问题的解释》的决定

10. 最高人民法院关于修改《上海金融法院案件管辖的规定》的决定

11. 最高人民法院关于审理银行卡民事纠纷案件若干问题的规定

12. 最高人民法院关于知识产权侵权诉讼中被告以原告滥用权利为由请求赔偿合理开支问题的批复

13. 人民法院在线诉讼规则

14. 最高人民法院关于审理申请注册的药品相关的专利权纠纷民事案件适用法律若干问题的规定

15. 最高人民法院关于审理侵害植物新品种权纠纷案件具体应用法律问题的若干规定（二）

16. 最高人民法院关于审理使用人脸识别技术处理个人信息相关民事案件适用法律若干问题的规定

17. 最高人民法院关于修改《最高人民法院关于审理食品药品纠纷案件适用法律若干问题的规定》的决定

18. 最高人民法院关于修改《最高人民法院关于审理铁路运输人身损害赔偿纠纷案件适用法律若干问题的解释》的决定

19. 最高人民法院关于人民法院司法拍卖房产竞买人资格若干问题的规定

20. 最高人民法院关于人民法院强制执行股权若干问题的规定

21. 最高人民法院关于修改《最高人民法院关于仲裁司法审查案件报核问题的有关规定》的决定

22. 人民法院在线调解规则

23. 最高人民法院　最高人民检察院关于办理危害食品安全刑事案件适用法律若干问题的解释

24. 最高人民法院关于生态环境侵权案件适用禁止令保全措施的若干规定

25. 人民检察院民事诉讼监督规则

26. 人民检察院公益诉讼办案规则

27. 人民检察院行政诉讼监督规则

Preface

The year 2021 is a milestone year in the history of the Communist Party of China (CPC) and the country. The CPC Central Committee with General Secretary Xi Jinping at the core united with and led the whole Party and the whole nation in celebrating the centenary of the CPC in a grand manner, convening the Sixth Plenary Session of the 19th Central Committee, formulating the Resolution of the CPC Central Committee on the Major Achievements and Historical Experience of the Party over the Past Century, winning the battle against poverty as scheduled, achieved the first centenary goal of building a moderately prosperous society in all respects on schedule and beginning a new journey toward the Second Centenary Goal of building a modern socialist country in all respects.

The year 2021 is also an extremely important year in the process of building the rule of law in China. In that year, the whole Party and the country conscientiously studied and understood Xi Jinping's thinking on the rule of law, grasped its fundamental guiding principles, understood its essence, and clearly defined work requirements, and effectively implemented that thinking in the whole process of comprehensive law-based governance.

In 2021, the Central Committee held the first Conference on People's Congresses and issued the Guidelines of the CPC Central Committee on Adhering to and Improving the System of People's Congresses in the New Era and Strengthening and Improving the Work of People's Congresses. General Secretary Xi Jinping delivered a major speech, profoundly answering a series of major theoretical and practical questions on developing socialist democracy with Chinese characteristics and adhering to and improving the system of people's congresses in the new era, systematically discussing the major concept of whole-process people's democracy, and clearly defining the guiding thought, major principles and main tasks for strengthening and improving the work of people's congresses.

In 2021, the Civil Code of the People's Republic of China was officially implemented, playing an important role in safeguarding people's rights and interests, resolving conflicts and disputes, and promoting social harmony and stability.

In 2021, the Central Committee and the State Council issued the Plan for Building a Rule of Law Government

(2021-2025), establishing the roadmap and plan for comprehensively promoting the rule of law government in the 14th Five-Year Plan period.

In 2021, for the first time in history, the Central Committee issued the Guidelines of the CPC Central Committee on Strengthening the Legal Oversight by the Procuratorial Organs in the New Era, giving these organs more political responsibility.

In 2021, the National People's Congress (NPC) and its Standing Committee, based on the Constitution and the Basic Laws of the Special Administrative Regions, improved the constitutional order and the rule of law of these regions, and better ensured that the central government exercises overall jurisdiction over the regions, that the regions enjoy a high degree of autonomy and that those who love China govern Hong Kong.

In 2021, the judicial and law enforcement authorities nationwide adhered to absolute CPC leadership of judicial and law enforcement, and continued to improve law enforcement and judicial policies and measures and achieved new successes in maintaining national political security and social stability comprehensively deepening reform in judicial and law enforcement, regularly combatting organized crime and rooting out local mafia, and educating and rectifying the ranks of judicial and law enforcement officers, thus providing provide strong protection for the building a higher level of Peaceful China and rule of law China.

In 2021, approved by the Central Committee, the Xi Jinping's Thinking on the Rule of Law Research Center was established in Beijing, deepening the study, research, interpretation and promotion of this thought. *Introduction to Xi Jinping's Thinking on the Rule of Law* was published, providing officials and the general public with an important authoritative aid for in-depth study and implementation of this thought. *Xi Jinping's Thinking on the Rule of Law* was published, ensuring that this thought is incorporated into the curriculum and made a way of thinking.

In 2021, the significant achievements in the building of rule of law in China further highlight the strong leadership of the Central Committee with General Secretary Xi Jinping at the core, and the great superiority of the socialist rule of law path with Chinese characteristics, and will surely inspire legal practitioners to advance in a new journey and make greater achievements in the new era.

Keep to the Socialist Rule of Law Path with Chinese Characteristics and Improve the Socialist Rule of Law System with Chinese Characteristics*

Xi Jinping

Today, the Political Bureau of the 19th CPC Central Committee held its 35th group study session on building a socialist rule of law system with Chinese characteristics. The purpose of this study session is to review the effectiveness of the building of the rule of law system of socialism with Chinese characteristics, analyze the problems and shortcomings, keep to the socialist rule of law path with Chinese characteristics, and improve the socialist rule of law system with Chinese characteristic.

---

* Speech at the 35th group study session of the Political Bureau of the 19th CPC Central Committee. Source: *Qiushi*, No. 4, 2022.

The ancient Chinese said, "Law is the highest requirement of politics." Our Party has attached great importance to the development of the rule of law since the day it was founded. During the new-democratic revolution, our Party formulated the Constitution of the Chinese Soviet Republic and a large number of laws and decrees, and created the Ma Xiwu trial method, which accumulated practical experience for the establishment of a new legal system. During the period of socialist revolution and construction, the Party led the people in formulating the Constitution and a series of important laws and regulations, such as the organic laws for state institutions, the Election Law and the Marriage Law, to establish a socialist legal framework system and a socialist judicial system. During the period of reform and opening up and socialist modernization, our Party proposed the policy of seeing that laws are in place wherever necessary and that laws are observed and strictly enforced and lawbreakers are prosecuted, established the basic strategy of law-based governance, set the building of a socialist state under the rule of law as an important goal of socialist modernization, and gradually formed the socialist legal system with Chinese characteristics with the Constitution at the core.

Since the 18th National Party Congress, the Central

Committee has promoted comprehensive law-based governance by incorporating it into the four-pronged comprehensive strategy, made a series of major decisions and plans comprehensive law-based governance, established the Central Commission for Law-Based Governance, improved the system whereby the Party leads legislation, ensures law enforcement, supports justice and takes the lead in abiding by the law, and basically formed the overall pattern of comprehensive law-based governance. The Fourth Plenary Session of the 18th Central Committee categorically defined the overall goal of comprehensive law-based governance is to build a socialist rule of law system with Chinese characteristics and a socialist rule of law state. With a focus on our goal of building socialist rule of law with Chinese characteristics, we have made integrated advances in Party leadership, the running of the country by the people, and law-based governance; pursued coordinated progress in law-based governance, law-based exercise of state power, and law-based government administration, promoted the integrated development of rule of law for the country, the government, and society; comprehensively deepened reform for rule of law, coordinated efforts to improve the system of laws and regulations, rule of law enforcement system, rule of law oversight system, rule of law supporting system and system of Party regulations; and ensured historical achievements in the building of the socialist rule of law system with Chinese characteristics.

We must see, nonetheless, that there are still some shortcomings and deficiencies in China's rule of law system. These are mainly as follows: the system of laws is not complete, and there are weaknesses and gaps in the legal system in key areas and emerging areas; the system of rule of law enforcement is not efficient enough, and the mechanism for the operation of law enforcement and judicial powers is not sound enough; the system of rule of law oversight is not strict enough, and the oversight by various parties has not really formed a synergy; the system of rule of law supporting measures is not strong enough, and the ranks of rule of law officers need to be strengthened; deficiencies in foreign-related rule of law are more obvious, and so on. These issues must be urgently resolved.

I have repeatedly stressed that strengthening the rule of law is a prerequisite for reinvigorating the nation and state. At present, China is in a critical period for achieving the rejuvenation of the Chinese nation, the evolution of the world's profound changes of a kind unseen in a century is accelerating, promoting reform, development and stability remains an arduous and heavy task, and opening up is deepening. All this requires us to give a better play to the role of the rule of law in consolidating the foundations, keeping expectations stable and serve long-term purposes.

Domestically, we have embarked on a new journey toward the Second Centenary Goal of building a modern socialist country in all respects. Implementing the new development philosophy based on the new development stage, building a new development pattern, promoting high-quality development, meeting the people's growing demands for democracy, rule of law, fairness, justice, security and a better environment, improving people's quality of life and promoting common prosperity—they all raise new and higher requirements for the building of the rule of law. We must become better able to ensure comprehensive law-based governance to provide a strong legal guarantee for attaining the Second Centenary Goal of building a modern socialist country in all respects.

Internationally, the world is a period of turbulent change, and international competition is increasingly focused on systems, rules and laws. We must strengthen the foreign-related laws and regulations, enhance the judicial effectiveness of foreign-related law enforcement, and resolutely safeguard national sovereignty, security and development interests.

To build a socialist rule of law system with Chinese characteristics, we must respond to the development needs of the cause, stay systemic, and make progress comprehensively. At present and in the coming period, we should focus on the following work.

1. Adhere to the correct direction of the building of the rule of law system

As I said before, "The key to whether we can make a good job of fully advancing the law-based governance of the country, which is a major endeavor, is in whether or not our direction is correct and our political guarantees are strong enough. Specifically, we must uphold Party leadership, maintain our commitment to socialism with Chinese characteristics, and put into practice the theory of socialist rule of law with Chinese characteristics." The socialist rule of law system with Chinese characteristics is an important part of the socialist system with Chinese characteristics. We must firmly grasp the characteristics of socialism with Chinese characteristics, unswervingly keep to the socialist rule of law path with Chinese characteristics, and properly balance politics and the rule of law, reform and the rule of law, rule of law and rule of virtue, and rule of law and running the Party by rigorous rules. We should be particularly clear-headed and firm on major issues such as upholding overall Party leadership and ensuring the people run the country. We must keep the people as the center; commit to rule of law that is for the people, dependent on the people, beneficial to the people, and there to protect the people; and ensure that the interests of the people, their aspirations, their rights and interests, and their wellbeing are reflected in the whole process of building the rule of law system. In building a socialist rule of law system with Chinese characteristics, we must build a rule of law system that is rooted in Chinese culture, based on Chinese conditions, helps solve Chinese problems and will not be misled by Western misconceptions.

2. Accelerate legislation in key areas

The ancients said, "If a good law is established in the world, the world will be well governed; if a good law is established in a country, the country will be well governed." It is necessary to strengthen legislation in important areas such as national security, science and technology innovation, public health, biosecurity, ecological civilization, and risk prevention, accelerate legislation in the digital economy, internet finance, artificial intelligence, big data, cloud computing and other areas, and strive to improve the legal system that is necessary for national governance and meets the growing needs of the people for a better life. We should give play to the role running the Party with vigorous rules in providing the political support for the development of the Party and country in order to ensure national laws and Party regulations complement each other. We should focus on legislation to meet the people's urgent need and improve their lives. To address the people's strong resentment of telecommunications network fraud, new drug crimes and "cult-style" star chasing, "fan circle" chaos, "yin and yang contracts" and other prominent problems in the entertainment industry, we should regulate them by improving the law, stop the loopholes and correct shortcomings in regulation, and must not let them go unchecked. Over the years, the problem of disorderly expansion of capital is prominent, with some forms of the platform economy and digital economy experiencing barbaric growth without being regulated and bringing about many problems. We should move faster to revise the Anti-Monopoly Law and the Anti-Unfair Competition Law and improve other relevant laws.

Mao Zedong said, "Constitution-making is a matter of

science." We need to focus on the quality of legislation as the key to making it more sound, democratic, and law-based. We need to coordinate efforts to make, revise, repeal, interpret and codify laws; improve legislative efficiency, and make legislation more systematic, holistic, and coordinated. Safeguarding unity in the rule of law is a serious political issue. Legislative bodies and working departments at all levels must follow legislative procedures, keep within the limits of their legislative power, effectively avoid making legislation that exceeds their power, duplicating legislation, or blindly making legislation, and effectively prevent the influence of departmental interests and local protectionism.

An ancient Chinese official said, "The heart of the difficulty in the world is not enacting laws, but enforcing them." In building the rule of law system, the focus and difficulty is to promote the correct implementation of the law through strict law enforcement, impartial justice, and ensuring the public abides by law and bring action within the framework of the law. We should improve the support mechanism that ensures all are equal before the law, maintain the unity, dignity, and authority of the national legal system and investigate all violations of the Constitution and laws. All Party organizations and officials should take a clear-cut stand in supporting the independent exercise of judicial authority in accordance with the law, and never allow the use of power to interfere with the judiciary and meddle in cases.

3. Deepen reform for the rule of law

At present, there are some outstanding contradictions and problems in the rule of law. The reason for that is that reform is not fully in place. To ensure that the people can see justice is served in every legal system, every law enforcement decision, and every judicial case, we should deepen the comprehensive reform of the judicial system and accelerate the building of a fair, efficient and authoritative socialist judicial system. It is necessary to improve the system of legal guarantee for social justice, refine the system of public interest litigation, improve the operation mechanism for law enforcement, oversight and judicial power, and strengthen the constraints and oversight of the exercise of power. We should speed up the building of a law enforcement and judicial constraints and oversight system that is complete, standardized and efficient. We should strengthen the oversight over legislative power, law enforcement, oversight and judicial power, and improve institutions and mechanisms whereby commissions for discipline inspection, supervisory organs, public security organs, procuratorial organs, judicial organs, and judicial administrative organs each have their own duties, and investigation, procuratorial, judicial and executive powers check each other to ensure that all aspects and the whole process of law enforcement and the judicature are subject to effective constraints and oversight. We should strengthen the overall planning, improve the rule of law personnel training system, accelerate the development of the ranks of lawyers, judicial appraisers, arbitrators, mediators and other legal service providers, and focus on building a socialist rule of law workforce faithful to the CPC, the country, the people, and the law. We should deepen the reform of the management system for law enforcement and judicial personnel and strengthen the management, education and training of the specialized rule of law teams. We should deepen the education and rectification of the judicial and law enforcement teams, continue to combat corruption in law enforcement and justice, and regularize the campaign to combat organized crime and root out local mafia.

It should be stressed that reform for the rule of law is highly political and policy-oriented, so we must uphold the principles and never cross the redline, and must ensure that the reform does not benchmark our legal practices against the Western rule of law and follow Western rule of law practices.

4. Use the rule of law to carry out the international struggle

Since the 18th National Party Congress, we have coordinated the advancement of the rule of law work at home and foreign-related rule of law work, and we have become increasingly able to use the rule of law to protect the interests of the state and the people. We should continue to coordinate the advancement of the rule of law work at home and foreign-related rule of law work. In accordance with the principle of giving high priority given to urgently needed laws, we should strengthen foreign-related legislation, improve laws and regulations against sanctions, interference and long-arm jurisdiction, and strengthen the legal system for the extraterritorial application of China's laws. We should incorporate expanding judicial and law enforcement cooperation into the important issue of bilateral and multilateral relations and extend the security chain to protect China's overseas interests. We should strengthen the training of foreign-related rule of law talents.

5. Strengthen theoretical research and communication on the rule of law

We have formed a new concept and new initiatives for comprehensive law-based governance by reviewing the law of socialist rule of law practices with Chinese characteristics, improving on the best of Chinese legal culture, and drawing on the beneficial achievements of the world's rule of law civilization. I summarized this as the 11 upholds at the recent Central Conference on Comprehensive Law-Based Governance. We should step up the research on original concepts, judgments, categories and theories of the rule of law in China, and strengthen the discipline, academic and discourse systems for jurisprudence with Chinese characteristics. We should implement the socialist rule of law thought with Chinese characteristics in the new era in the preparation of teaching materials and teaching work in the law disciplines, ensure that this thought is incorporated into the curriculum and made a way of thinking, and strive to cultivate more rule of law talents with strong ideals and beliefs, ardent feelings of patriotism, and solid jurisprudential roots. We should strengthen the political leadership of lawyers and ensure that they consciously meet the basic requirements for legal practitioners of supporting CPC leadership and China's socialist rule of law and strive to be good lawyers to the CPC and people's satisfaction. We should promote universal compliance with the law as a basic project and fully carry out a responsibility program in which state law enforcement departments are responsible for strengthening public legal awareness. All officials should take the lead in respecting, learning, abiding by and using the law, and guide the public in consciously abiding by the law, using the law to resolve cases, and solving problems with the law. We should review the experience of the building and practice of China's rule of law system, communicate of the best of China's traditional rule of law culture, tell the story of China's rule of law well, and ensure China's rule of law system and theory have greater influence and a bigger say internationally.

All Party committees and leading Party members' groups should assume the main responsibility, focus on major plans, important tasks, and key work, strengthen organization and leadership, take the initiative to assume responsibility, and reject meaningless formalism and bureaucracy. The Central Office for Law-Based Governance should play a good functional role to ensure that the CPC Central Committee's policies and plans for strengthening the rule of law are implemented. All government departments on all fronts should work together, define responsibilities and form synergies and make work increasingly law-base.

Ⅰ. The Legislative and Oversight Work of the National People's Congress and Its Standing Committee

In 2021, the NPC and its Standing Committee enacted 17 laws, revised 26 laws, and adopted 11 decisions and resolutions on legal issues and major problems. As of the end of December 2021, there were 291 laws in force in China.

1. Improving Constitution-related laws and systems

- Revise the Organic Law of the NPC and the Rules of Procedure of the NPC and more strongly guarantee that the highest organ of state power exercises its power in accordance with the law and that the people exercise their right to run the country

The Organic Law of the NPC and the Rules of Procedure of the NPC are important institutional safeguards for the exercise of the power of the NPC and its Standing Committee in accordance with the law, and the legislative implementation of the relevant provisions of the Constitution. In order to implement the decisions and plans of the Party Central Committee and the provisions of the revised Constitution, reflect the new situation, new tasks and new requirements for deepening the reform of the Party and state institutions, and review the new experience and new achievements in the practice of the system of people's congresses, the Fourth Session of the 13th NPC revised the Organic Law of the NPC, the Rules of Procedure of the NPC. The two revised important constitutional laws adhere to the leadership of the Party, develop whole-process people's democracy, further improve the organizational and working systems of the NPC and its Standing Committee, and improve the meeting system and working procedures of the NPC.

- Improve the electoral system of the Hong Kong Special Administrative Region and develop a democratic system suitable for its actual situation

In accordance with the Constitution, the Basic Law of the Hong Kong Special Administrative Region and the Law of the People's Republic of China on Safeguarding National Security in the Hong Kong Special Administrative Region, the Fourth Session of the 13th NPC made the Decision of the NPC on Improving the Electoral System of the Hong Kong Special

Administrative Region, which clearly revised the basic principles and core elements that should be followed to improve the electoral system of the Hong Kong Special Administrative Region, and authorized the NPC Standing Committee to revise Annexes I and II to the Hong Kong Basic Law. In late March, the NPC Standing Committee adopted by unanimous vote the newly revised Annexes I and II to the Hong Kong Basic Law, namely, the Method for the Selection of the Chief Executive of the Hong Kong Special Administrative Region method for selecting the Chief Executive of the Hong Kong Special Administrative Region and the Method for the Formation of the Legislative Council of the Hong Kong Special Administrative Region and Its Voting Procedures. These two annexes, which fully implement the principle of those who love China governing Hong Kong and form a democratic electoral system that conforms to the legal status and actual situation of Hong Kong by reconstructing and empowering the Election Committee of the Hong Kong Special Administrative Region, establishing a sound system for vetting the eligibility of candidates, and specifically stipulating the method for the selection of the Chief Executive and the Legislative Council. This is essential for upholding and improving the systems for One Country,

Two Systems and maintaining the constitutional system of the Special Administrative Regions established by the Constitution and the Basic Law of Hong Kong.

● Enact the Supervisory Officers Law and deepen national supervisory reform

In August, the NPC Standing Committee enacted the Supervisory Officers Law. The law clarifies the duties, obligations, rights, and conditions of appointment of supervisory officers, improves the management and oversight over supervisory officers, and strengthens the ranks of high-quality professional supervisory officers and makes supervisory work more standard and law-based, thus providing an important legal guarantee for strengthening supervisory work in the new era.

● Improve the election system for military deputies to people's congresses

In April, the NPC Standing Committee revised the methods for the election of deputies to the NPC and local people's congresses at or above the county level by the Chinese People's Liberation Army, closely taking into account the actual deepening of national defense and military reform, reviewing practical experience, and strengthening guidance and regulation of military election work, and further ensuring servicepersons exercise democratic electoral rights and participate in the management of state affairs in accordance with the law.

2. Strengthen legislation in key areas

- Serve high-quality development with high-quality legislation

Enact the Rural Vitalization Low. In April, the NPC Standing Committee adopted the Rural Vitalization Law, which is a fundamental and comprehensive law for agriculture, rural areas, and farmers. The law implements the new development philosophy and provides a set of institutional measures, institutions, mechanisms and policy systems to safeguard and promote rural vitalization, providing a strong legal guarantee for the implementation of the rural vitalization strategy.

Enact the Hainan Free Trade Port Law. In June, the NPC Standing Committee deliberated and adopted the Hainan Free Trade Port Law. The law makes institutional arrangements for the Hainan Province Free Trade Port in terms of free and convenient trade, free and convenient investment, fiscal and taxation system, ecological and environmental protection, industrial development and talent support, giving Hainan greater reform decision-making power, which is conducive to creating a new highland of openness on the track of the rule of law with a higher level of openness, better business environment and stronger radiation.

Enact the Stamp Duty Law. In June, the NPC Standing Committee deliberated and adopted the Stamp Duty Law. The law implements the principle of statutory taxation, follows the idea of tax shift, keeps the current tax system and tax burden level basically unchanged, while appropriately simplifies tax items and reduces some tax rates, and makes stamp duty more standard and law-based.

Revise the Law on the Scientific and Technological Progress. In December, the NPC Standing Committee revised the Law on Scientific and Technological Progress, which highlights the strategic position of scientific and technological innovation. Focusing on strengthening basic research, enhancing national strategic scientific and technological forces, promoting key core technologies and other institutional provisions, the law improves the national scientific and technological innovation system and ensures that China becomes self-reliant in terms of science and technology.

Revise the Seed Law. Seeds are the basis for developing modern agriculture and ensuring national food security. In

December, the NPC Standing Committee revised the Seed Law, adding provisions to strengthen the protection of new plant variety rights, strengthen scientific and technological research in the seed industry, and promote the innovative development of the seed industry in terms of promote a good turnaround in the seed industry and ensure national food security.

- Strengthen national security legislation

Enact the Coast Guard Law. In January, the NPC Standing Committee deliberated and adopted the Coast Guard Law. The law clarifies the functions and positioning, measures on the limit of authority, protection and coordination mechanisms, oversight and legal liability of coast guard institutions, improves the institutions and mechanisms for maritime rights protection and law enforcement, provides legal protection for the performance of maritime rights protection and law enforcement duties, and effectively safeguards national sovereignty, security and maritime rights and interests.

Enact the Law on Countering Foreign Sanctions. The Law on Countering Foreign Sanctions is the first special law on foreign struggle. In June, the NPC Standing Committee deliberated and adopted the Law on Countering Foreign

Sanctions The law reaffirms China's longstanding foreign policy and principled position, clarifies the circumstances, countermeasure procedures and measures, etc. for countering foreign sanction, and provides strong legal support for countering hegemonism and power politics and safeguarding the interests of the country and its people.

Enact the Data Security Law. The Data Security Law is the fundamental law on data. In June, the NPC Standing Committee adopted the Data Security Law. The law pursues a holistic approach to national security, improves the data security governance system, regulates data processing activities, promotes data development and utilization, and enhances national data security capabilities.

Enact the Law on the Protection of the Status, Rights, and Interests of Servicepersons. In June, the NPC Standing Committee deliberated and passed the Law on the Protection of the Status, Rights, and Interests of Servicepersons. The law implements Xi Jinping's thinking of strengthening the military, focuses on serving the preparation for war and fighting battles, closely follows the special attributes of the military profession, improves the basic principles and basic systems of the status, rights and interests of servicepersons, and motivates them to perform their duties and missions more effectively.

Enact the Land Border Law. The Land Border Law is the basic law for the land border work. In October, the NPC Standing Committee deliberated and passed the Land Border Law. The law regulates and strengthens the activities of delineation, survey, defense, management, construction and foreign cooperation in national land borders, clarifies the connotation and extension of land border work and the related work system, and provides solid legal guarantee to safeguard national sovereignty, security and territorial integrity.

Revise the Maritime Traffic Safety Law. In April, the NPC Standing Committee revised the Maritime Traffic Safety Law to improve the conditions of maritime traffic, strengthen the management of ships and crews, regulate administrative and law enforcement actions, improve the system of maritime search and rescue and traffic accident investigation and treatment, implement the obligations of relevant international treaties, improve maritime traffic management and security, maintain the order of maritime traffic and protect people's lives and property.

Revise the Military Facilities Protection Law. In June, the NPC Standing Committee revised the Military Facilities Protection Law to implement Xi Jinping's thinking on strengthening the military, adapt to the new system and new functions after national defense and military reform, adjust and improve the leadership and management institutions and mechanisms, solidify military and civilian responsibilities, refine the classification of military facilities protection measures, strengthen the application of scientific and technological means, and create a protection system, which is integral to making military facilities protection more precise, scientific and standard.

Revise the Military Service Law. In August, the NPC Standing Committee revised the Military Service Law which implements Xi Jinping's thinking strengthening the military, is based on the needs of military development and the requirements of war preparation, regulates and strengthens national military service, ensures that citizens serve in the military in accordance with the law, guarantees the military's serviceperson replenishment and reserve, and provides strong legal guarantee to accelerate the modernization of military human resources and build a world-class military.

- Improve legislation on people's wellbeing and social governance

Strengthen legislation on the legal protection of public health. In January, the NPC Standing Committee revised the

Law on Animal Epidemic Prevention which, focusing on the protection of public health security and human health, adjusts and improves the animal epidemic prevention policy, the epidemic prevention responsibility system, institutions, the regulatory system, etc., to build a scientific, rational and sound legal system for animal epidemic prevention and strongly protect the lives and health of the people. In August, the NPC Standing Committee deliberated and passed the Physicians Law, which is a comprehensive and systematic revision of the Practicing Physicians Law promulgated in 1998. The law absorbs the experience in the prevention and control of the COVID-19 pandemic, insists on the synergy of medical education, medical prevention, and Chinese and Western medicine, promotes the noble professionalism of physicians, protects the legitimate rights and interests of physicians, regulates the practice of physicians, strengthens the development of physicians, protects people's health, and promotes the initiative for Healthy China.

Enact the Anti-Food Waste Law. In April, the NPC Standing Committee deliberated and passed the Anti-Food Waste Law. The law is aimed at addressing the people's strong resentment of the problem of food waste, attaches to equal importance to regulation and guidance, and establishes a long-term mechanism to combat food waste, saves resources, protects the environment, and promotes sustainable economic and social development. The law is a vivid practice of the initiative for stepping up shorter, more efficient, and high-impact legislation and advancing legislative work in a more targeted and precise manner.

Enact the Legal Assistance Law. In August, the NPC Standing Committee adopted the Legal Assistance Law. The law adheres to the people-centered approach, enriches and expands the form and scope of legal aid, improves the legal aid protection and oversight system, broadens the channels of legal aid participation, and enhances the people's sense of access to justice and fairness.

Enact the Family Education Promotion Law. In October, the NPC Standing Committee deliberated and passed the Family Education Promotion Law. The law focuses on the establishment of moral education, clarifies the function and concept, main responsibility, content and methods of family education, improves government, school and social support and protection measures for family education, elevates family education from a traditional "family matter" to an important "national matter" in the new era, and provides more complete legal protection for the comprehensive and healthy growth of minors.

Enact the Personal Information Protection Law. The Personal Information Protection Law is the first special law to protect the security of personal information and is an important legislation for the development of the rule of law for cybersecurity. In August, the NPC Standing Committee adopted the Personal Information Protection Law. The law regulates the collection, use, processing, disclosure, deletion and other processing activities, improves the institutions and mechanisms for the protection of personal information, promotes the lawful and reasonable use of information, and enhances the people's sense of security in the development of the digital economy.

Enact the Anti-Organized Crime Law. In December, the NPC Standing Committee adopted the Anti-Organized Crime Law. The law systematically reviews the practical experience of the campaign to combat organized crime and root out local mafia, highlights the importance of prevention and punishment, and clarifies a series of important institutional measures, which is of great significance in guaranteeing the regularization of the campaign to combat organized crime and root out local mafia on the track of the rule of law, and the building of a higher level of Peaceful China and rule of law in China.

Revise the Education Law. In April, the NPC Standing Committee revised the Education Law to enrich the guiding thought for education, emphasize the role of education, improve the education policy, enrich the content of education, improve the legal responsibility for fraudulent enrollment, and maintain educational equity.

Revise the Workplace Safety Law. In June, the NPC Standing Committee revised the Workplace Safety Law to strengthen the principal responsibility of enterprises for workplace safety, establish a sound workplace safety risk prevention and control system, increase penalties for violations of the law, protect people's lives and property, and promote the modernization of the workplace safety governance system and governance capacity.

Revise the Population and Family Planning Law. In August, the NPC Standing Committee revised the Population and Family Planning Law to implement the refined childbirth policy, implement the three-child policy, abolish social maintenance fees and other restrictive measures, and support the implementation of positive childbirth measures. All this is important for promoting long-term balanced population development.

Revise the Trade Union Law. The Trade Union Law is

an important law that clarifies the legal status and duties of trade unions, and is an important institutional guarantee for trade unions to carry out their work in accordance with the law. In December, the NPC Standing Committee revised the Trade Union Law to strengthen the leadership of the Party in trade union work, improve the basic duties of trade unions, expand the coverage of grassroots trade unions, and give a better play to the role of trade unions in safeguarding the legitimate rights and interests of workers and serving the workers.

Revise the Civil Procedure Law. The Civil Procedure Law is the basic law of the country and the basic rule governing the civil procedure. In December, the NPC Standing Committee revised the Civil Procedure Law to upgrade the mature and feasible experience in the pilot reforms for streamlining civil litigation procedures into legal provisions, and improve the judicial confirmation procedure, the procedure of small-scale litigation, the summary procedure, the scope of application of the sole proprietorship system, online litigation and the rules of service of process and other institutions and provisions. All of this helps the parties fully, conveniently and promptly exercise of litigation rights, enhance the ability of the people's courts to resolve disputes and maintain judicial justice.

● Speed up the legislation on ecological civilization

Enact the Law on the Protection of Wetlands. In December, the NPC Standing Committee adopted the Law on the Protection of Wetlands. The law implements Xi Jinping's thinking on ecological civilization, emphasizes protection first, systematic management, scientific restoration and rational use, establishes a set of systems for wetland protection, utilization, restoration and management, promotes systematic protection and sustainable use of wetlands, and better maintains the ecological functions and biodiversity of wetlands.

Enact the Noise Pollution Prevention and Control Law. In December, the NPC Standing Committee deliberated and passed the Noise Pollution Prevention and Control Law. The law follows Xi Jinping's thinking on ecological civilization as a guide, focuses on resolving the people's strong resentment of industrial, construction, transportation, social activity noise pollution prevention and control and works to keep the people's living environment harmonious and peaceful.

● Improve the legislation on law-based government

Revise the Administrative Penalty Law. The Administrative Penalty Law is the general standard for administrative penalty, providing basic guidelines for single-line laws and regulations to set administrative penalty and for administrative bodies to enforce administrative penalty. In January, the NPC Standing Committee revised the Administrative Penalty Law. This law reflects and consolidates the results of major reforms of administrative law enforcement, increases the comprehensive administrative law enforcement system, increases the provisions of delegating administrative penalty power to towns, townships and subdistricts, improvises administrative penalty procedures, increases the intensity of administrative penalty in key areas, strictly pursues administrative law enforcement responsibilities, and better protects strict, fair and appropriate law enforcement.

Revise the Audit Law. In October, the NPC Standing Committee revised the Audit Law to expand the scope of audit oversight, improve the means of audit supervision, strictly regulate audit oversight, clarify audit rectification and supervision responsibilities, guarantee the independent exercise of audit oversight by the audit authority in accordance with the law, and give a better play to the important role of audit in the Party and state oversight system.

In 2021, the NPC Standing Committee also deliberated the drafts of the Futures and Derivatives Law, the Law on

Telecom and Online Fraud, the Law on the Protection of Black Soil, the Law on the Protection of the Yellow River, the Law on the Management of Emergency Response, and the draft revisions to the Anti-Monopoly Law, the Rules of Procedure of the NPC Standing Committee, as well as to the Law of the Protection of Wild Animals, the Law on Animal Husbandry, the Law on Sports, the Law on the Quality and Safety of Agricultural Products, the Company Law, the Law on Vocational Education and the Law on the Protection of Women's Rights And Interests. Among them, the draft revisions to the Organic Law of the Local People's Congresses and Local People's Governments, the draft Decision on the Number of Deputies to the 14th NPC and on Issues Related to Their Election and the draft Measures for the Election of Deputies to the 14th NPC in the Hong Kong and Macao Special Administrative Regions were decided to be submitted to the Fifth Session of the 13th NPC for deliberation after consideration at the December meeting of the Standing Committee.

3. Provide legal safeguards for deepening reform in relevant areas

Ensure that national development and major reforms are

based on the law. In order to implement the decision of the Party Central Committee on supporting the high-level reform and opening up of Pudong New Area, in June, the NPC Standing Committee made a decision on authorizing the Shanghai Municipal People's Congress and its Standing Committee to enact regulations for Pudong New Area, authorizing the Shanghai Municipal People's Congress and its Standing Committee to enact regulations for Pudong New Area to provide legal guarantee for the reform and opening up of Pudong. In October, the NPC Standing Committee made a decision to authorize the State Council to carry out pilot real estate tax reform in some areas in order to steadily promote real estate tax legislation and reform.

Deepen the reform to separate operating permits from business licenses and streamline administration and delegate power, improve regulation, and upgrade services, and continue to improve the business environment. In April, the NPC Standing Committee made a decision to authorize the State Council to temporarily adjust the application of relevant legal provisions in the pilot free trade zones. In the same month, the NPC Standing Committee made a decision to amend eight laws, including the Road Traffic Safety Law of the People's Republic of China, deciding to revise a package of laws, namely, the Road Traffic Safety Law, the Fire Services Law, the Import and Export Commodity Inspection Law, the Advertising Law, the Grassland Law, the Civil Aviation Law, the Customs Law, the Food Safety Law. In October, the NPC Standing Committee made a decision to authorize the State Council to temporarily adjust the application of the relevant provisions of the Measurement Law of the People's Republic of China in pilot cities for innovation in the business environment to further transform government functions, improve the business environment and stimulate market vitality.

Ensure the smooth implementation of reforms in the judicial system, defense mobilization system and other areas. In January, the NPC Standing Committee made a decision on the establishment of the Beijing Financial Court, clarifying the establishment of a financial court with special jurisdiction over financial civil and commercial cases and administrative cases involving finance, so as to create a sound legal financial environment for the implementation of the national financial strategy. In August, the NPC Standing Committee made a decision to authorize the Supreme People's Court to organize a pilot reform of the positioning of the four levels of court functions, improve the system of civil and administrative case levels of jurisdiction, the transfer of jurisdiction and the mechanism for elevating cases to the next level of trial and other provisions, improve the mechanism for the operation of trial power, and ensure the correct and uniform application of the law. In October, the NPC Standing Committee made a decision on the temporary adjustment of the application of relevant legal provisions during the reform of the national defense mobilization system to improve the national defense mobilization system and modernize national defense mobilization.

Incorporate the reform initiatives, successful experiences and effective practices of the NPC oversight work into legal provisions. In April, efforts were made to comprehensively revise the decision of the NPC Standing Committee on strengthening the review and oversight over the central budget, strengthen the exhaustive review and full-process oversight, reflect the requirement of expanding the focus of budget review and oversight to expenditure budgets and policies, and strengthen the oversight over the state-owned capital management budgets and the management of state-owned assets. In December, efforts were made to comprehensively revise the decision of the NPC Standing Committee on strengthening the review and oversight over the central budget, improve the work procedures, contents and mechanisms, and effectively enhance the rigidity and effectiveness of the NPC's oversight over economic work.

4. Implement the major concept of whole-process people's democracy in the legislative work

The NPC Standing Committee fully implemented the requirements of the development of whole-process of people's democracy, improved the systems and mechanisms for sound legislation, democratic legislation, and law-based legislation, and did a solid job of legislation-related work to ensure the quality of legislation under the premise of speeding up the pace of legislation. First, it gave full play to the leading role of the NPC in the legislative work. In 2021, of the draft laws and decisions deliberated by the NPC Standing Committee, 38, or more than half of the total, were drafted or drafted under the leadership of relevant special committees and working committees. Second, the NPC Standing Committee ensured that draft laws were made known to the public for comments. It formulated the Guidelines on Strengthening and Improving the Work of Seeking the Opinions of Government Departments and Local Governments on Draft Laws, and 41 draft laws and revisions were made available for public consultation through the website of the NPC, receiving 485,724 opinions from 114,409 people. Third, the NPC Standing Committee expanded the breadth and depth of the participation of deputies in the legislative work. It invited more NPC deputies to participate in the Standing Committee's legislative research, drafting, argumentation, evaluation and other work and sought the views of NPC deputies in relevant fields on the important draft laws of great public concern. Fourth, the NPC Standing Committee strengthened the grassroots legislative association stations. The third batch of grassroots legislative association stations was established, increasing the total number to 22, covering two thirds of the country's provincial administrative areas, driving the establishment of more than 5,000 local legislative association stations, building a bridge between the general public and the legislature. Fifth, the NPC Standing Committee strengthened its guidance and coordination of local legislative work. The 27th National Symposium on Local Legislation was held.

5. The NPC Standing Committee's oversight work

In 2021, the NPC Standing Committee strengthened its oversight and effectiveness to ensure the effective implementation of laws and the correct exercise of administrative, supervisory, judicial and prosecutorial powers in accordance with the law. Over the year, it inspected the implementation of six laws, heard and reviewed 24 reports, conducted two special inquiries, and carried out seven special studies.

- Check the implementation of laws

In 2021, the NPC Standing Committee checked the implementation of six laws, namely, the Law on Traditional Chinese Medicine, the Enterprise Bankruptcy Law, the Animal Husbandry Law, the Law on Prevention and Control of Environmental Pollution by Solid Waste, the Notarization Law and the Fire Services Law, and conducted special inquiries in conjunction with the consideration of the report on the enforcement inspection of the Law on Prevention and Control of Environmental Pollution by Solid Waste.

For the Law on Traditional Chinese Medicine, it focused the inspection of the traditional Chinese medicine institutions and mechanisms, service system and service capacity, quality oversight over Chinese herbal medicines, Chinese medicine heritage characteristics, personnel training and team building, scientific research and innovation, etc. This is the first time the NPC Standing Committee checked the implementation of laws traditional Chinese medicine, promoted the inheritance, development and utilization of traditional Chinese medicine, and contributing to the building of Healthy China.

For the Enterprise Bankruptcy Law, it focused on the check of the implementation of the Enterprise Bankruptcy Law, the trial of bankruptcy cases, the administrator system, the establishment and operation of the government coordination mechanism in enterprise bankruptcy, and the law-based bankruptcies of state-owned enterprises, laid a foundation for speeding up the revision of the Enterprise Bankruptcy Law, further improved the business environment and maintained good market order.

For the Law on Animal Husbandry, it focused on the inspection of the policy protection system, the protection of livestock and poultry genetic resources, animal disease prevention and control, animal husbandry industry development, quality and safety oversight, etc., to promote the transformation and upgrading of animal husbandry and its sustainable and healthy development.

For the Law on Prevention and Control of Environmental Pollution by Solid Waste, it focused on the inspection of the development and implementation of supporting legislation, administrative law enforcement and judicial protection, solid waste pollution prevention and control in key areas, efforts to raise public awareness of this law, etc. This is the fourth consecutive year the NPC Standing Committee checked the implementation of important laws on ecological and environmental protection, used the rule of law to consolidate and deepen the results of the battle against pollution prevention and control, used the power of the rule of law to protect lucid waters and lush mountains.

For the Notarization Law, it focused the inspection of the role of the notary function, institutional reform, practice, oversight and management, institution building, etc., to further promote the correct and effective implementation of the Notarization Law and promote the quality development of notary public.

For the Fire Services Law, it focused on fire prevention, firefighting organizations, firefighting and rescue, oversight and inspection, legal liability, etc., to further regulate and promote the development of the fire industry, and maintain the safety of the people and their property, and preserve law and order.

In carrying out law enforcement inspection and special inquiries, the NPC Standing Committee members respectively put forward views and suggestions concerning improving the legal system, promoting the implementation of the law, and strengthening and improving the relevant work. The State

Council and relevant departments attached great importance to these views and suggestions, and put forward and adopted a series of working measures for improvement and implementation.

- Listen to and deliberate special work reports, and carry out special inquiries and special research

Promote high-quality economic development. The NPC Standing Committee heard and and deliberated the report on the implementation of China's national plan. It ensured that the State Council and relevant authorities continued to consolidate and expand the results of epidemic prevention and control and economic and social development, built a new development pattern, promoted high-quality development, took solid steps to ensure stability on six key fronts and security in six key areas, * and completed the annual targets. The Standing Committee heard the report of the State Council on the allocation and use of financial transportation funds, promoted the modernization of the transport governance system and governance capacity, and supported efforts to accelerate efforts to build China into a transport powerhouse

* The six fronts refer to employment, the financial sector, foreign trade, foreign investment, domestic investment, and expectations. The six areas refer to job security, basic living needs, operations of market entities, food and energy security, stable industrial and supply chains, and the normal functioning of primary-level governments.

that is satisfying to the people, has effective guarantees and is one of the world's most powerful. It conducted special research on the management and reform of financial subsidies, promoted a better combination of effective market and responsive government, further improved management, deepened reform, and gave a better play to the important role of the financial subsidy system in providing guidance, support and guarantees.

Promote the development of social undertakings for people's lives. The NPC Standing Committee heard and deliberated the report of the State Council on the study and handling of the report on the law enforcement inspection and the comments on the Decision of the Standing Committee of the National People's Congress to Comprehensively Prohibit the Illegal Trade of Wild Animals, Break the Bad Habit of Excessive Consumption of Wild Animals, and Effectively Secure the Life and Health of the People and the Law of the People's Republic of China on Wildlife Protection, which is a follow-up to the previous relevant work. The Standing Committee heard and deliberated the report of the State Council on the work related to the establishment a modern integrated transport system and conducted special inquiries to promote the acceleration of the establishment of a safe, convenient, efficient, green and economical modern integrated transport system to support economic development and continuous improvement of people's lives. It heard and deliberated the State Council report on the work of cultural relics and the implementation of Cultural Relics Protection Law to promote the high-quality development of cultural relics in the new era and help build a strong socialist culture. It heard and deliberated the State Council report on the development of the teaching force and the implementation of the Teachers Law and took strengthening the development of the teaching force as a fundamental task in order to develop education, accelerate the development of education and run education to the satisfaction of the people. It It heard and deliberated the report of the State Council on accelerating the establishment of a new agricultural business system to promote the connection between small farmers and modern agricultural development, accelerating the establishment of a multifaceted composite modern agricultural business system, gradually encouraging small farmers to develop modern agriculture, and helping to vitalize the overall countryside. It conducted special research on strengthening the protection of germplasm resources and breeding innovation, and heard and deliberated the research report to promote the implementation of the action plan for the revitalization of the seed industry, and help fight the battle for the revitalization of the seed industry. It conducted research on giving a better play to the role of overseas Chinese in the pursuit of the Belt and Road Initiative and ensuring it goes far. It conducted research on efforts to promote the economic and social development of the less populated ethnic groups to promote the high-quality development of areas with concentrations of ethnic minorities and ensure that in the process of building a modern socialist country in all respects, no ethnic group is left behind.

Continuously strengthen ecological and environmental protection. The NPC Standing Committee heard and deliberated the State Council's reports on the completion of the 2020 annual environmental status and environmental protection goals. It studied and handled the report on the law enforcement and the comments on the Soil Pollution Prevention and Control Law and the report on the work of fighting the battle against pollution in accordance with the law, to promote the continuous improvement of ecological and environmental quality and help promote ecological civilization and fight the battle against pollution. It heard and deliberated the State Council's report on the ecological protection of the Yangtze River basin, promoting the in-depth implementation of Xi Jinping's thinking on ecological civilization by all regions and parties, ensuring well-coordinated environmental protection and over-development prevention, and promoting a turning point in ecological protection of the Yangtze River Economic Zone. It heard and deliberated the State Council's report on the ecological protection of Xiong'an New Area and Baiyangdian, and gave full play to the role of the rule of law in safeguarding the ecological protection of Xiong'an New Area and Baiyangdian. It conducted research on the establishment of a nature reserve system with national parks as the mainstay, ensured major institutional innovations sped up the implementation of the system, promoted the development ecological civilization and Beautiful China, and worked for the sustainable development of the Chinese nation.

Strengthen the oversight over law enforcement, supervision and judicial work. The NPC Standing Committee heard and deliberated the State Council's report on the implementation of the resolution on the seventh five-year plan for strengthening public legal awareness to promote respect for, study of, compliance with and use of the law throughout society. It heard and deliberated the interim report of the Supreme People's Court on the pilot reform to streamline civil proceedings to promote judicial effectiveness and better meet the needs of the people for efficient, convenient and fair settlement of disputes. It heard and deliberated the report of the Supreme People's Court on the work of the people's courts in intellectual property trials, giving full play to the function of intellectual property trials, comprehensively promoting the high-quality development of intellectual property trials, and providing strong judicial services to accelerate the building of a strong intellectual property country. It heard and deliberated the report of the Supreme People's Procuratorate on the work of the people's procuratorates in handling complaint cases, ensuring the judiciary responded more actively to the people's urgent difficulties and worries, vigorously safeguarding social justice, and enhancing the people's sense of access to justice and happiness. It conducted research on the promotion the full coverage of supervision and oversight to continue to deepen the reform of the national supervisory system. It conducted research on the role of local legislation of cities divided into districts in maintaining the unity of the national legal system to promote the development of high-quality local legislation and enhance the overall effectiveness of legislative work.

- Strengthen the NPC's review of and oversight over budgets and final accounts and its oversight over state-owned assets administration

The NPC Standing Committee heard and deliberated the

central final account report, audit report, budget execution report and report on rectification and reform of problems identified by the audit, reviewing and approving the central final account for 2020, promoting the full implementation of the proactive fiscal policy, advancing the reform of the fiscal and taxation system and financial management, and strongly safeguarding the prevention and control of the epidemics and economic and social development, as well as the continuous improvement of people's lives. The audit authorities under the State Council submitted a special report on the audit of state-owned assets to the NPC Standing Committee for the first time. The NPC Standing Committee implemented the guidelines on Strengthening the Review and Oversight over Government Debt by Local People's Congresses, issued specific implementation guidelines, and effectively promoted the strengthening of the review and oversight over government debt by local people's congresses.

In conjunction with hearing and deliberating the State Council's comprehensive report on the management of state-owned assets in 2020, the Standing Committee heard and deliberated the State Council's special report on the management of state-owned natural resources assets in 2020, taking a comprehensive inventory and mapping of state-owned natural resources assets, promoting a sound national natural resources assets management system, and providing strong protection for ecological civilization. This is the fourth consecutive year that the NPC Standing Committee has considered the State Council's annual comprehensive report and special report on the management of state-owned assets, helping the State Council develop a basic mapping of state-owned assets to achieve oversight over the management of state-owned assets in all the four categories: state-owned assets of enterprises, state-owned assets of financial enterprises, state-owned assets of administrative institutions and state-owned natural resources assets.

- Do a good job in putting on record and reviewing normative documents

The NPC Standing Committee formulated a number of regulations on the establishment of a sound mechanism for putting on record and review normative documents, revised laws and regulations, regulations on the record and review of judicial interpretations, and established an expert committee for putting on record and review normative. It reviewed 1, 921 administrative regulations, oversight regulations, local regulations, autonomous regulations and separate regulations, special economic zone regulations, judicial interpretations, special administrative region laws, etc. submitted for the record throughout the year, and studied and handled 6, 339 review proposals made by citizens and organizations, and ensure that all documents are put on record based on review and all errors are corrected. It conducted special reviews of regulations, rules, and normative documents on the Yangtze River protection, administrative penalties, population and family planning. It continuously encouraged the local people's congresses to strengthen the IT application in record review, and encouraged the provincial people's congresses' standing committees to gradually develop databases of regulations, rules and normative documents while improving record review information platforms.

Ⅱ. Law-Based Government Administration

In 2021, the Chinese government continued to promote the law-based development of government and innovation in governance, promoted rapid economic development and maintained social harmony and stability.

1. Legislative work of the State Council

In 2021, the State Council submitted 15 legislative proposals to the NPC Standing Committee for consideration, enacted nine administrative regulations, revised six administrative regulations, and repealed three administrative regulations. There were 14 treaties the State Council submitted to the NPC Standing Committee for deliberation and approval and were approved by the State Council.

- Formulate the Regulations on Prevention and Disposal of Illegal Fundraising

In order to prevent and dispose of illegal fundraising, protect the legitimate rights and interests of the public, prevent and resolve financial risks, and maintain economic order and social stability, in January, the State Council promulgated the Regulations on the Prevention and Disposal of Illegal Fundraising, which came into force on May 1, 2021. The Regulations clearly define the definition and common forms of illegal fundraising and the principles, working mechanisms and responsibilities for preventing and disposing of illegal fundraising. The Regulations are designed to strengthen the registration of market entities, strengthen the monitoring of advertising and internet information and applications suspected of illegal fundraising, establish an early warning mechanism for monitoring illegal fundraising, improve administrative investigation and disposal measures and the return of illegal fundraising funds, etc., highlight the use of the rule of law to strengthen the oversight over key areas, and promote the formation of a comprehensive management pattern for illegal fundraising featuring joint management, collective prevention and control, each doing its part, and collaborative efforts.

- Formulate the Regulations on the Protection of Critical Information Infrastructure Security

To protect the security of critical information infrastructure, maintain network security, and further implement the Cybersecurity Law of the People's Republic of China, in

July, the State Council announced the Regulations on the Protection of Critical Information Infrastructure Security, effective September 1, 2021. To address prominent problems in the practice of security protection of critical information infrastructure, the Regulations refine relevant provisions of the Cybersecurity Law and elevated proven effective practices into legal systems. The Regulations insist on comprehensive coordination, division of labor, and protection in accordance with the law, strengthen and implement the main responsibility of critical information infrastructure operators, and give full play to the role of the government and all sectors of society, providing provide strong legal guarantee for the in-depth protection of of critical information infrastructure security.

- Formulate the Regulations of the People's Republic of China on the Registration and Management of Market Entities

In order to regulate the registration and management of market entities, promote the development of law-based markets, maintain good market order and the legitimate rights and interests of market entities, and improve the business environment, in July, the State Council announced the Regulations of the People's Republic of China on the Registration and Management of Market Entities, effective March 1, 2022. The Regulations thoroughly implement the decisions and plans of the CPC Central Committee and the State Council for deepening the reform to streamline administration and delegate power, improve regulation, and upgrade services, further improve market regulation, standardize the registration of market entities in accordance with the law, unify the registration systems and rules for all types of market entities, remain problem-oriented, and have targeted provisions on such prominent problems as complicated registration materials, difficulty in cancellation of market entities and false registration, which are of great concern to all.

- Formulate Regulations on Groundwater Management

In order to strengthen groundwater management, prevent and control groundwater overdraft and pollution, safeguard groundwater quality and sustainable use, and promote ecological civilization, in October, the State Council announced the Regulations on Groundwater Management, effective December 1, 2021. The Regulations have provisions on the groundwater status survey and evaluation and planning, conservation and protection, overdraft management and prevention of groundwater pollution, strengthening groundwater oversight and management, legal liability, etc., providing legal rules and institutional safeguards to strengthen groundwater management.

● Formulate the Measures for Implementing the Commitment System of Parties to Securities and Futures Administrative Law Enforcement

In order to regulate the implementation of the commitment system of parties to securities and futures administrative law enforcement, protect the legitimate rights and interests of investors, maintain market order, and improve the effectiveness of administrative enforcement, in October, the State Council announced the Measures for Implementing the Commitment System of Parties to Securities and Futures Administrative Law Enforcement, effective January 1, 2022. The Measures regulate the implementation of the commitment system by clarifying the basic process, strictly limiting the scope of application, and improving the oversight and restriction mechanism, ensuring its open, fair and equitable implementation, effectively protecting the legitimate rights and interests of investors, maintaining market order, and improve the effectiveness of law enforcement.

● Revise the Regulations on the Implementation of the Law of the People's Republic of China on the Promotion of Privately-Run Schools

In order to implement the revised Law of the People's

Republic of China on the Promotion of Privately-Run Schools, refine the legal provisions and enhance operability, in April, the State Council revised the Regulations on the Implementation of the Law of the People's Republic of China on the Promotion of Privately-Run Schools, effective September 1, 2021. The revised regulations attach equal importance to support and regulation, improve the system related to privately-run schools, strengthen the Party's leadership of privately-run schools, further support and regulate the social forces in running schools, protect the legitimate rights and interests of privately-run schools and their educated, teaching staff, organizers and other subjects, and promote the sustainable and healthy development of privately-run schools.

- Revise the Regulations on the Management of Pig Slaughtering

In order to strengthen the management of pig slaughtering, ensure the quality and safety of pig products and protect the health of the people, in June, the State Council revised the Regulations on the Management of Pig Slaughtering, effective August 1, 2021. The revised regulations review the practical experience on the basis of the practical implementation of General Secretary Xi Jinping's requirements on the most rigorous standards, the strictest oversight, the most severe punishment, and the most serious accountability, clearly stipulate that the pig slaughter plants shall be responsible for the quality and safety of its production of pig products, highlight whole-process management requirements and further improve the management system of pig slaughtering.

- Revise the Regulations on the Implementation of the Land Administration Law of the People's Republic of China

In order to enhance the operability of the Land Administration Law of the People's Republic of China and other legal systems, and to ensure that the decisions and plans of the Party Central Committee and the State Council on the implementation of the land reform are implemented, in July, the State Council revised the Regulations on the Implementation of the Land Administration Law of the People's Republic of China, effective September 1, 2021. Under the institutional framework established by the Land Administration Law, the revised regulations focus on key issues such as land expropriation, marketization of rural collective land designated for business-related construction, and management of the land used for rural housing, further refine relevant institutional initiatives, and strengthen the protection of arable land. To address prominent problems such as attempts to use cropland purposes other than agriculture and specifically grain production and violations of people's willing in integrating natural villages, the revised regulations further clarify institutional boundaries and strengthen legal responsibilities to ensure that the Land Administration Law is fully implemented.

In 2021, the State Council also enacted administrative regulations such as the regulations on the management of sewage permits, regulations on the oversight and management of the use of medical insurance funds, regulations on the administration of state-owned assets of administrative institutions, and regulations on the management of earthquake resistance of construction projects, and revised administrative regulations such as regulations on the oversight and administration of medical devices, regulations on the administration of grain circulation, and regulations on the implementation of the Tobacco Monopoly Law.

2. Law-based administrative work

- Conduct the inspection of law-based government

Focusing on gaining an understanding of and implementing Xi Jinping's thinking on the rule of law and the guiding principles from the Central Conference on Comprehensive Law-Based Governance and with a focus on the comprehensive promotion of law-based government, the Central Office for Law-Based Governance launched the initiative to work with 24 central Party and government departments such as the Central Commission for Discipline Inspection, the National Supervisory Commission and the Central Organization Department to form eight inspection teams. Led by provincial and ministerial-level officials, the teams conducted field inspections of Beijing, Tianjin, Jilin, Anhui, Hunan, Guangdong, Chongqing, and Ningxia. The inspection teams went to 106 prefectural cities, counties and districts, visited and made unannounced visits and unannounced inspections of 374 relevant entities, made 1,988 interviews of local Party and government officials, front-line staff and officials and members of the general public, verified more than 5,200 case files and pieces of information, identified and promoted the rectification problems, and effectively ensured efforts to strengthen law-based government achieved effective results.

● Launch the second initiative to develop national demonstration law-based government

In order to ensure success in the development of national demonstration law-based government in 2021, set more new benchmarks for the development of national law-based government in the new era, in August, the Central Office for

Law-Based Governance issued the Plan for the Development of National Law-Based Government and the Index System for the Development of Law-Based Government in Cities and Counties (2021 version). Provinces, autonomous regions and municipalities directly under the central government recommended a total of 87 comprehensive candidate areas and 149 individual candidate projects.

● Strengthen efforts to put on record and review regulations and rules

The State Council ensured that all documents are put on record based on review and all errors are corrected. In 2021, the State Council reviewed each of the 1, 939 regulations and rules reported to it for the record in accordance with the law, suspended the registration of 39 of them, and dealt with those with problems in accordance with the legal authority and procedures. The State Council made solid progress in promoting the system for putting documents on record based on review and improving related capacity building, started to revise the Regulations on Putting Rules and Regulations on Record, and conscientiously implemented the mechanism for coordinating efforts to put on record and reviewing rules and regulations, gave full play to the role of the expert committee for putting on record and reviewing rule and regulations, completed the database for putting on record and reviewing rules and regulations, provided the public with information query services for putting on record and reviewing rules and regulations, and improved the overall quality and efficiency of the work of putting on record and reviewing rules and regulations.

● Making administrative law enforcement more standard

In December, the State Council issued the Circular on Implementing the Administrative Penalty Law of the People's Republic of China and organized a special cleanup involving the content of the Administrative Penalty Law and unreasonable fine provisions. In 2021, the Ministry of Justice promoted the establishment of a coordination and oversight system for administrative law enforcement covering all levels of the province, city, county and township, sped up the establishment of a national comprehensive management and oversight information system for administrative law enforcement, and strengthened the governance of administrative law enforcement information and data. It issued the Report on the Special Oversight over the Overall Oversight over the Implementation of the Three Systems for Administrative Law Enforcement and the Legality Review Mechanism for Administrative Normative Documents, and urged and guided all local governments in developing a legality review mechanism for administrative normative documents. The Ministry of Justice launched the collection of leading cases for the legality review of administrative normative documents, promoted the integration of legality review mechanisms for administrative normative documents in the Yangtze River Delta, and strengthened the guidance for the formulation, oversight and management of administrative normative documents. It standardized the formulation and management of administrative discretion standards and established a sound system of leading cases for administrative law enforcement. It opened a column of "Criticisms and Suggestions on Administrative Law Enforcement Oversight" on the app of the Legal Services of China. In 2021, 489 criticisms and suggestions were received, 463 of which have been settled and 26 of which are being processed.

● Strengthen administrative reconsideration, litigation response and administrative adjudication

In 2021, administrative reconsideration organs at all levels concluded 254,000 cases of administrative reconsideration. Among the completed cases, 29,000 corrective decisions were made to revoke, change, confirm violations and order the implementation of decisions, with a correction rate of

13.3%; 3,911 administrative reconsideration decisions were issued in response to the common illegal issues found in the cases, giving full play to the important role of administrative reconsideration in overseeing law-based government administration and promoting law-based government. They completed 6,046 administrative reconsideration cases of the State Council and warned the responsible entities 11 times for the outstanding law enforcement problems found in the cases, effectively enhancing the awareness of law-based government administration by the key minority and regulating the law enforcement behavior in the relevant fields from the source. The administrative review reform was deepened, 30 provinces, autonomous regions and municipalities directly under the central government have issued their own reform implementation plans, of which 23 provinces, autonomous regions and municipalities directly under the central government to complete the integration of the provincial, municipal and county administrative review systems, achieved the unified exercise of administrative review responsibilities of local governments at all levels, and made the administrative review system more just and authoritative, unified and efficient. Adhering to the people-centered development philosophy and carrying out "reconsideration for the people and harmony" special action, administrative reconsideration agencies throughout the country have identified 66, 400 longstanding administrative disputes involving the interests of the people masses, and resolved 53, 900 cases of them substantively, thus powerfully promoting social justice and harmony and stability. The Ministry of Justice requested the General Office of the State Council to transmit the Guidelines on Issues concerning the Hearing of Administrative Reconsideration Cases on Government Information Disclosure to unify the standards for hearing cases in the field of government information disclosure and help improve the level of government information disclosure. The administrative organs at all levels nationwide actively performed their statutory duties in administrative litigation, and supported the people's courts to conclude 219, 000 cases of first instance administrative litigation in accordance with the law, with the appearance rate of the persons in charge reaching 41. 8% . To promote the demonstration work in key areas of administrative adjudication, and the General Office of the China National Intellectual Property Administration and the General Office of the Ministry of Justice jointly issued the Circular on the Promotion of National Experience and Practice in the Development of Administrative Adjudication of Patent

Infringement Disputes.

- Fully implement the system of informing commitment on certification matters

All local governments and government departments conscientiously implemented the Guidelines the General Office of the State Council on Comprehensively Implementing the System Informing Commitment on Certification Matters and Enterprise Business License Matters. The Ministry of Justice organized all local governments and government departments to select and submit leading cases of the commitment system for informing people about certification matters, and continued to run the Public Criticism: Certification Matters Clearance and Complaint Oversight Platform to promptly refer and study and solve people's complaints. In 2021, a total of 126 complaints concerning certification matters were received, and 96 cases were supervised and closed.

Ⅲ. Judicial and Law Enforcement Reform

In 2021, China's judicial and law enforcement reform coordinated institution building and institution operation, strengthened systemic integration, synergy and efficiency, and continuously improved law enforcement and judicial credibility, and strive to ensure the people see justice is served every case and matter handled.

1. Improve the law enforcement and judicial constraints and oversight system

Focusing on lax law enforcement, judicial injustice, law enforcement and judicial corruption, a longstanding problem that occurs from time to time, the Central Judicial and Law Enforcement Commission issued the Guidelines on Strengthening the Institutions and Mechanisms for Law Enforcement and Judicial Constraints and Oversight. The guidelines propose a series of initiatives for the Party's leadership and oversight over law enforcement and judicial work, the constraints and oversight between judicial and law enforcement departments, the internal constraints and oversight over judicial and law enforcement departments, social oversight, intelligent management oversight, etc. With a view to addressing inadequate constraints and oversight institutionally, the guidelines are designed to help establish a law enforcement and judicial constraint and oversight system that integrates upper and lower levels, combines internal and external factors, has a complete system, and is standardized and efficient.

- Improve the system for higher-level courts to oversee lower-level ones

In accordance with the Decision of the NPC Standing Committee on Authorizing the Supreme People's Court to Organize a Pilot Reform to Define the Functions of the Four Levels of Courts, starting from September 2021, the Supreme People's Court and the people's courts of 12 provinces and municipalities directly under the central government in Beijing, Tianjin, Liaoning, Shanghai, Jiangsu, Zhejiang, Shandong, Henan, Guangdong, Sichuan, Chongqing and Shaanxi would carry out a two-year pilot reform to define the functions the four levels of courts to strengthen the system for higher-level courts to oversee lower-level ones. The Supreme People's Court issued the Guidelines on Improving the

Oversight and Management Mechanism of the Four Types of Cases, reaffirming the principle of organized exercise of power and whole-process traces, regulating the identification process, case separation requirements, oversight mode, platform development and evaluation mechanism for the four types of cases. The Measures of the Supreme People's Court for Unifying Law Application were issued to improve the circumstances, scope and reference standards of case search, improve the mechanism for solving specific law application problems, and strengthen a uniform law application platform and database.

- Improve the legal oversight system of procuratorial organs

For the first time, the Guidelines of the CPC Central Committee on Strengthening the Legal Oversight over Procuratorial Organs in the New Era, requiring that efforts should be made to give full play to the role of legal supervision functions to serve the overall situation and pursue judicial administration for the people; comprehensively improve the quality and effectiveness of legal oversight and safeguard judicial justice; strengthen strong prosecution teams and fully implement the judicial accountability system; and strengthen the legal oversight over the organizational security for procuratorial organs. This is the specific embodiment of Xi Jinping's thinking on the rule of law in the legal oversight work of the procuratorial organs and a programmatic document for the procuratorial work at present and for some time to come.

● Improve the law enforcement oversight system for public security organs

The Ministry of Public Security issued the Guidelines on Promoting the Reform of Law Enforcement Oversight and Management Mechanisms for Public Security Organs, which provide comprehensive provisions for the establishment of a whole-process and all-factor management system for the operation of law enforcement powers of public security, the reform of the system for receiving and filing cases, the improvement of the legal audit system, and the implementation of the benchmark system for administrative discretion, providing an important condition for deepening the standardization of law enforcement.

● Improve the management and oversight system for judicial and law enforcement officers

To thoroughly implement the three set of regulations to prevent interference in the judiciary, the Central Political and Legal Affairs Commission issued leading cases of violation of the three sets of regulations to the public in three batches, established the record reporting platform for the implementation of the three sets of regulations by judicial and law enforcement authorities at all levels, and improved the protection mechanism for the record of illegal interference in cases. In response to the problems exposed by the education and rectification of the ranks of judicial and law enforcement officers, documents were issued to further promote the exchange of officials of judicial and law enforcement authorities at the municipal and county levels, regulate the business behavior of spouses, children and their spouses of judicial and law enforcement officers, prohibit judges, prosecutors and lawyers' improper contact and interaction, regulate the management of judicial and law enforcement officers leaving their office, and regulate the people leaving courts and procuratorates to engage in the profession of lawyers, using institutions to manage the key people, the key places and the key things.

2. Accelerate the establishment of a law enforcement and judicial responsibility system

In response to the prominent problems revealed in the campaign to combat organized crime and root out local mafia, efforts were made to accelerate reform and development of the law enforcement and judicial accountability system to ensure that power is exercised within the institutional framework and within the constraints of responsibility.

- Make plans for progress in all aspects

In July, the Central Judicial and Law Enforcement Commission organized a meeting to deepen judicial and law enforcement reform, with the me of speeding up the reform and development of the law enforcement and judicial responsibility system. Guo Shengkun, member of the Political Bureau of the CPC Central Committee, member of its Secretariat, and secretary of the Central Judicial and Law Enforcement Commission, attended the meeting and made a comprehensive plan for rationally defining the law enforcement and judicial responsibility system with clear subjects, scope, and level in accordance with the laws governing the exercise law enforcement power and in light of the principle that functions and powers are statutory and powers and responsibilities are consistent. The Central Judicial and Law Enforcement Commission issued the Guidelines on Accelerating the Reform and Establishment of the Law Enforcement and Judicial Responsibility System for Judicial and Law Enforcement Authorities, refining the law enforcement and judicial political responsibility, case handling responsibility, and regulatory responsibility, and requirements for the improving the law enforcement and judicial responsibility mechanism.

- Implement the systems

The Supreme People's Court, the Supreme People's Procuratorate, the Ministry of Public Security, and the Ministry of Justice respectively organized meetings based on their own realities to make targeted plans for implementing the guiding principles from the Conference on Comprehensively Deepening Judicial and Law Enforcement Reform and accelerating the judicial and law enforcement chains that involve politics, case handling, regulation, and guidance, integrate all aspects of investigation, prosecution, trial, implementation, and cover all criminal, civil, and administrative areas as well as civil enforcement and public interest litigation.

- Strengthen institutional safeguards

The Supreme People's Court and the Supreme People's Procuratorate formulated the Regulations on Disciplinary Work Procedures for Judges (for Trial Implementation) and the Regulations on Disciplinary Work Procedures for Prosecutors (for Trial Implementation) respectively, which regulate the procedures for the composition of the disciplinary committee, the acceptance of clues of illegal handling of cases, investigation and verification, submission for consideration, making disciplinary decisions, as well as the review of appeals and rights relief for the judges and prosecutors concerned, providing institutional basis for protecting judges and prosecutors in the performance of their duties in accordance with the law and for holding them accountable for handling cases in violation of the law. The Ministry of Public Security, the Ministry of Justice and other ministries and commissions, in light of their own realities, formulated reform documents to strengthen the system of judicial responsibility for law enforcement and strengthen the institutional guarantee for implementing the institutions which ensure that power comes with responsibility, the use of power comes with accountability, and neglect of duties and all who abuse power are held to account.

3. Deepen the reform of the litigation system

To comprehensively promote judicial justice, enhance the effectiveness of the procedure, constantly improve the rules of litigation, refine the allocation of resources, and stimulate the vitality of the system, a new model of dispute resolution with Chinese characteristics which reflects the characteristics of the times and responds to the expectations of the people was gradually reformed.

- Construct the mechanism for addressing litigation at the source

The Central Commission for Comprehensively Deepening Reform deliberated and passed the Guidelines on Strengthening the Governance of Sources of Complaints and Promoting the Resolution of Conflicts and Disputes at the Source. The guidelines make systematic provisions on strengthening efforts to prevent conflicts at the source, settle them other than through courts, and ensure that fewer of them are brought to court. The guidelines are designed to form a diversified conflict resolving system which coordinates mediation, arbitration, notarization, administrative ruling, administrative reconsideration, litigation, etc. and constantly expand the areas where litigation is addressed at the source to form a strong synergy to this end. The Supreme People's Court comprehensively built a one-stop multi-dispute resolution and litigation service system with Chinese characteristics, with 63,000 mediation organizations and 260,000 mediators stationed on the mediation platform, and over 10 million disputes mediated online by courts nationwide. The procuratorial organs continued to implement the policy that "every case is replied" and the situation of complaints and proposals improved notably, with the total number of public complaints and proposals, repeated public complaints and proposals, and public complaints and proposals personally presented at the Supreme People's Procuratorate decreasing by 4.7%, 7.5% and 8.9% respectively in 2021 compared to 2019. The "procuratorates at doorstep" were trusted, and the proportion of complaints and proposals received by county procuratorates rose from 24.5% to 29.8%, and the "inverted triangle" structure of complaints and proposals continued to improve. The NPC Standing Committee heard a special report on the handling of complaints and appeals and gave it full recognition.

- Promote the reform to streamline civil proceedings

In accordance with the Decision of the NPC Standing Committee on Authorizing the Supreme People's Court to Carry out Pilot Work on Reform to Streamline Civil Proceedings in Some Areas, the pilot reform to streamline civil proceedings was successfully completed, and the NPC Standing Committee deliberated and passed the draft amendments to the Civil Procedure Law, which elevate to systems results of the pilot reform such as improving the procedures for small lawsuits, improving the rules for the application of summary procedures, expanding the application scope of the ingle-judge adjudication system and the judicial confirmation procedure in an orderly manner, promoting and standardizing online litigation and improving the rules applicable to electronic delivery, and are designed to separate simple from complex cases, minor from major cases, and fast from slow cases. The Supreme People's Court and the Supreme People's Procuratorate respective issued documents such as the Guidelines of the Supreme People's Court on Streamlining Administrative Litigation Procedures and the Rules for Oversight over Administrative Litigation by the People's Procuratorates, improved the system for the system for separating simple from complex administrative litigation cases, standardized the mechanism for supervising administrative litigation cases, and strengthened the substantive resolution of administrative disputes. The Supreme People's Court issued three major sets of rules for online litigation, online mediation and online operation to fill the gaps in the online litigation system. In 2021, the courts nationwide filed 11. 439 million cases online and held 1. 275 million court sessions online.

- Improve the criminal litigation system

The National Supervisory Commission, the Supreme People's Court, the Supreme People's Procuratorate and the

Ministry of Public Security jointly issued the Guidelines on Strengthening and Improving the Mechanism for Coordinating Supervisory Law Enforcement and Criminal Justice (for Trial Implementation) to make the coordination of administrative and criminal law enforcement more standard and law-based. The Supreme People's Procuratorate issued the Guidelines on Sentencing Recommendations for People's Procuratorates Handling Cases of Plea of Guilty or Punishment and the Regulations on Simultaneous Audio and Video Recording of People's Procuratorates Listening to Opinions in Handling Cases of Plea of Guilty and Punishment to further standardize the procedures for handling cases of plea of guilty and punishment, the application rate of the plea leniency system exceeded 85%, and the first trial conviction rate was of 96.5%. Adhering to the policy of combining leniency with rigidity and implementing the concept of less arrests and cautious prosecutions, the Supreme People's Procuratorate launched the special initiative to review the necessity of detention, issued leading cases of less arrests and cautious prosecutions, and reduced the pre-litigation detention rate from 54.9% in 2018 to 42.7% in 2021. The Supreme People's Procuratorate and the Ministry of Public Security jointly issued the Guidelines of the Supreme People's

Procuratorate and the Ministry of Public Security on Improving the Mechanism of Investigation Oversight and Collaboration and Cooperation, and jointly established the Office of Investigation Oversight and Collaboration and Cooperation, which strongly promoted the improvement of the quality of investigation and case handling.

- Regulate sentence reduction, parole and provisional release from prison

The Supreme People's Court, the Supreme People's Procuratorate, the Ministry of Public Security and the Ministry of Justice jointly issued the Guidelines on Strengthening the Substantive Hearing of Commutation of Sentence and Parole Cases, further refining the requirements for the substantive hearing of commutation of sentence and parole cases from four aspects: accurately grasping the basic requirements for substantive hearings, strictly reviewing the substantive conditions, effectively strengthening the procedural mechanism for handling cases, and vigorously strengthening oversight and guidance and work security. The Supreme People's Procuratorate issued the Regulations on the People's Procuratorates' Circuit Inspections to further standardize the circuit procuratorial work of prison and detention centers, protect the legitimate rights and interests of supervisees, maintain the stability of the regulatory order, correct and prevent wrongful cases, and ensure the correct implementation of state laws in the execution of penalties and regulatory activities. The Ministry of Justice issued the Regulations on Prisons Assessing Offenders Based on Points to regulate such work, ensure sound measurement of the quality of rehabilitation of offenders, and mobilize the offenders' enthusiasm for reform.

4. Enhance the level of law enforcement and judicial public services

Judicial and law enforcement work was planned in light of the overall work of the Party and the state to give a better play to role of the rule of law in strengthening the foundations, keeping expectations stable, and attaining long-term benefits, provide powerful guarantees and quality services for the Party and country's central task and for promoting high-quality development, and effectively enhance the people's sense of satisfaction and fulfillment.

● Deepen the reform of judicial and law enforcement public services

The Ministry of Public Security introduced 10 sets of measures to facilitate the introduction of foreign talents and implemented a series of measures to facilitate the application of entry and exit documents for the elderly; fully implemented the cross-province handling of five household registration matters; smoothly implemented the convenience measure of entrusting close relatives in China to handle ID card replacement procedures for those who cannot return to China due to the epidemic; incorporated 12 business-related business permits from public security organs into the reform for separating operating permits from business licenses; 21 new measures for the convenience of the people and enterprises were promoted, such as the electronicization of motor vehicle driving licenses, the exemption of private car license plates from inspection, and the national registration of minibuses based on ID cards; formulated or revised three sets of departmental regulations such as the Regulations on the Application and Use of Motor Vehicle Driving Licenses; and fully completed the Ministry of Public Security's "Internet Plus Government Services" platform 2.0, and released more than 70,000 items for government services for public security organs nationwide at all levels, of which 55,000 items were made available by no more than one trip and the people's sense of fulfillment further enhanced. For two years in a row, the Supreme People's Procuratorate consulted with the Ministry of Justice, the All-China Lawyers Association, and procuratorates at four levels to respect and support lawyers in performing their duties. The Supreme People's Procuratorate strictly oversaw and corrected 1,770 violations of lawyers' right to practice by law enforcement and judicial personnel, up 84.8% year on year. A comprehensive trial was conducted for lawyers to review papers on the internet, so that they do not have to make even one trip to check case files. The Supreme People's Procuratorate issued guidelines with the Ministry of Justice to regulate exchanges between prosecutors and lawyers, and to allow retired prosecutors to work as lawyers. The Society of Public Prosecutors of China and the All-China Lawyers Association jointly proposed that affinity should be pursued without violating rules and integrity should be pursued without keeping a distance from the people. The Ministry of Justice formulated the Plan for Developing the National Public Legal Service System (2021-2025), integrated the three major platforms of public legal service entities, networks and hotlines, and built 570,000 public legal service centers, workstations and rooms at provincial, municipal, county, township and village levels nationwide, providing legal consultation, legal services, mediation and other services more than 18 million times a year. The Ministry of Justice strengthened the protection of lawyers' rights and interests, actively promoted the pilot of lawyers' internet reading, issued the Guidelines on Improving Notary Services for the Benefit of Enterprises and Convenience of the People and the Guidelines on Deepening the Reform of the Notary System and Promoting the Healthy Development of Notary Business. It adjusted the practice area of notary institutions, promoted the inter-provincial handling of some notary matters. It carried out the comprehensive reform of the internal governance structure of arbitration institutions. The Ministry of Justice improved the management system of judicial appraisal institutions and appraisers, successfully completed the legal qualification examination under regularized epidemic prevention and control, and continued to improve legal service capacity.

- Serve high-quality economic and social development

In accordance with the Plan for Establishing the Beijing Financial Court deliberated and passed by the Central Commission for Comprehensively Deepening Reform and the decision made by the NPC Standing Committee on establishing the Beijing Financial Court, the Beijing Financial Court was established to better serve and protect financial reform and promote the virtuous cycle and healthy development of the economy and finance. Efforts were made to strengthen the International Commercial Court of the Supreme People's

Court, hear a number of influential international commercial cases, and launch a one-stop information platform for the diversified settlement of international commercial disputes. The Ministry of Justice, in conjunction with relevant parties, accelerated the cultivation of a number of world-class arbitration institutions and law firms, and promote the development of an international commercial arbitration center. The Supreme People's Procuratorate set up a procuratorial office at the China Securities Regulatory Commission (CSRC), and together with the Ministry of Public Security and the CSRC, it specifically punished securities crimes and actively participated in the prevention and resolution of financial risks. Following the establishment of the Intellectual Property Procuratorial Office by the Supreme People's Procuratorate in 2020, 20 provincial-level procuratorates, including those in Beijing and Hainan, deepened the integrated performance of criminal, civil and administrative procuratorates for intellectual property, and strengthened the comprehensive protection of intellectual property.

- Strengthen public interest litigation

The Supreme People's Court established a special fund for public interest litigation damages, formulated and issued judicial interpretations on the application of injunctive preservation measures and punitive damages in ecological and environmental infringement cases, implemented a system of compensation for those who pollute and damage, and ensured that ecological restoration funds are earmarked for this purpose. The Supreme People's Procuratorate issued the Rules for Handling Public Interest Litigation in People's Procuratorates, promoted the establishment of a collaborative mechanism for administrative public interest litigation across provincial boundaries in the Yangtze River Basin, worked with other entities to issue leading cases of prosecutorial public interest litigation in workplace safety, revolutionary resources protection and barrier-free environment development, and carried out special activities for public interest litigation for the protection of martyr memorial facilities at the county level or below. The scope of public interest litigation cases continued to expand. When the Law on the Protection of Heroes and Martyrs, the Law on the Protection of Minors, the Law on the Protection of the Status, Rights, and Interests of Servicepersons, the Workplace Safety Law, and the Law on the Protection of Personal Information were developed or revised, they all included provisions on public interest litigation. The Chinese approach to public interest judicial protection is highly regarded.

Ⅳ. Judicial, Procuratorial, Public Security and Judicial Administrative Work

1. Judicial work

In 2021, the Supreme People's Court accepted 33, 602 cases and concluded 28, 720 cases; local people's courts and specialized people's courts at all levels accepted 33. 516 million cases and concluded and executed 30. 104 million cases, with a total value of 8. 3 trillion yuan.

- Criminal judicial work

In 2021, courts at all levels adjudicated 1. 256 million criminal cases of first instance and sentenced 1. 715 million criminals. Efforts were made to severely punish crimes such as incitement to subvert state power, espionage and theft of secrets, and cultism, and resolutely safeguard the security of state power and the socialist system. The courts concluded 49, 000 cases of murder, arson, robbery and other serious violent crimes. They concluded 9, 984 cases related to gun-related and explosive crimes. They concluded 56, 000 cases of drug-related crimes. Efforts were made to maintain the order of epidemic prevention and control in accordance with the law, and adjudicate 9, 653 cases of epidemic-related crimes. Work was done to improve the regularized mechanism for combatting organized crime and rooting out local tyrants, prevent the resurgence of organized crime and local tyrants, adjudicate 3, 409 cases involving them and 18, 360 persons; promote the clearance of illegal property, execute property sentences and recover and confiscate 40. 57 billion yuan of illegal income. Corruption crimes were punished in accordance with the law, adjudicating 23, 000 cases of corruption and bribery, dereliction of duty, etc. involving 27, 000 people. The recovery of stolen money and goods from office crimes was stepped up, the actual recovery reaching 59. 66 billion yuan. The courts concluded 13, 000 cases of market manipulation, insider trading, illegal fundraising and money laundering. In safeguarding the safety of the internet, the courts concluded 92, 000 cases of online marketing, online gambling, illegal use of information networks and other crimes. Efforts were made to safeguard the workplace safety of the people, and 2, 031 cases of major liability accidents and other crimes were adjudicated; to guard food and medicine safety, 6, 002 cases of crimes against food and drug safety were adjudicated; to safeguard the travel safety of the people, 348, 000 cases of dangerous driving crimes were adjudicated. The courts also punished telecom network fraud and concluded 79, 000 cases involving 149, 000 people, and sentenced 590 defendants in the May 9 cross-border telecom network fraud case.

- Civil and commercial judicial work

In 2021, courts at all levels concluded 15, 746, 000 civil and commercial cases in the first instance. To protect and improve people's lives, 1. 54 million cases involving education, employment, medical care, pension, consumer and social security were concluded. The courts concluded 1, 831, 000 marriage and family cases. They appropriately handled disputes over labor and employment, purchase and sales contracts, and store leases arising from the epidemic, and concluded 142, 000 civil and commercial cases involving the epidemic. They concluded 13, 000 bankruptcy cases involving 2. 3 trillion yuan of claims; 732 bankruptcy reorganization cases were concluded, revitalizing 1. 5 trillion yuan of assets, allowing 745 troubled enterprises to regain their vitality and 350, 000 employees to keep their employment. They handled disputes involving supply chain finance, non-performing assets disposal and private investment funds in accordance with the law, prevented and resolved financial risks, and concluded 1,553,000 cases of financial disputes. They concluded 265,000 first instance environmental resource cases. They concluded 21,000 first instance foreign-related civil and commercial cases and 14,000 maritime cases.

- Administrative judicial and state compensation work

In 2021, the courts at all levels adjudicated 298,000 first-instance administrative cases and 21,000 administrative license and administrative agreement cases, serving the reform to streamline administration and delegate power, improve regulation, and upgrade services. In addition, 65,300 cases of state compensation and judicial aid cases were concluded.

- Enforcement work

In 2021, courts nationwide accepted 9.493 million enforcement cases and concluded 8.642 million cases, with 1.94 trillion yuan in place. The blockage points in checking people, finding things, selling property, collaboration and coordination, targeted punishment and the fight against refusal to enforcement were unblocked, so that those who keep faith benefit and those who fail to keep faith suffer. The Supreme People's Court improved the efficiency of land seizure and disposal in conjunction with the Ministry of Natural Resources. In conjunction with the Civil Aviation Administration, the

Supreme People's Court regulated the illegal purchase of tickets by scalpers to circumvent enforcement. In conjunction with the China Securities Regulatory Commission, it regulated the freezing of pledged shares of listed companies. A total of 19.71 million cases were investigated and controlled on the internet, and 432.3 billion yuan were sold at online auctions, up 34.6% and 7.4% respectively. The Supreme People's Court carried out special actions such as centralized cleanup of execution funds, efficient execution for the people, and attacking the backlog of cases involving private-sector enterprises, and executed small cases involving 89.84 billion yuan, people's lives and small low-profit businesses, with each case involving less than 100,000 yuan.

- Trial oversight work and public complaints and proposals for case filing

A total of 2,215 criminal cases were retried and re-sentenced in accordance with trial oversight procedures in 2021. Efforts were made to strengthen judicial protection of property rights, and 30 criminal cases involving enterprises and 39 people were retried and corrected. An online complaint and petition platform covering all four levels of courts was established, a direct channel was opened for the expression of people's demands, and all visits and public complaints and proposals were recorded. Focusing on the management of repetitive letters and petitions, 3, 739 backlog cases were resolved. Efforts were also made to improve the mechanism of arbitration and adjudication, set up speedy adjudication workshops in all court service centers nationwide, and adjudicate 8. 715 million cases quickly. A total of 739 courts launched 24-hour litigation services.

- Judicial interpretation and case guidance

In 2021, the Supreme People's Court formulated 24 judicial interpretations, of which 21 were issued separately and 3 jointly with the Supreme People's Procuratorate; 31 leading cases were issued, playing an active role in the correct implementation of the law. The Interpretation of the Supreme People's Court and the Supreme People's Procuratorate on Issues concerning the Application of Law in Handling Criminal Cases of Concealment and Harboring and the Interpretation of the Supreme People's Court and the Supreme People's Procuratorate on Issues concerning the Application of Law in Handling Criminal Cases of Endangering Food Safety were issued to guide the correct handling of major and complex issues in criminal justice work. The Regulations of the Supreme People's Court on Issues concerning the Trial of Civil Dispute Cases on Bank Cards, the Regulations of the

Supreme People's Court on Issues concerning the Application of Law in the Trial of Civil Cases Relating to the Use of Face Recognition Technology in Handling Personal Information, and the Regulations of the Supreme People's Court on the Application of Injunction Preservation Measures in Ecological and Environmental Tort Cases were issued to guide the proper handling of new situations and problems in the areas of economic and social development and people's livelihood. The Regulations of the Supreme People's Court on Handling Administrative Applications for Retrial and the Interpretation of the Supreme People's Court on Issues concerning the Application of Law to Determine Liability for Moral Damage in State Compensation Cases to guide the proper handling of new situations and problems in administrative litigation.

2. Procuratorial work

The year 2021 marked the 90th anniversary of the creation of the people's procuratorial system under the absolute leadership of the Party. The procuratorial organs nationwide adhered to Xi Jinping Thought on Socialism with Chinese Characteristics for a New Era as guidance, thoroughly implemented Xi Jinping's thinking on the rule of law, and conscientiously implemented the Guidelines of the CPC

Central Committee on Strengthening the Legal Oversight over Procuratorial Organs in a New Era. With a high degree of political consciousness, rule of law consciousness, procuratorial consciousness, they performed their duties in accordance with the law, promoted the comprehensive and coordinated full development of criminal, civil, administrative and public interest litigation procuratorial work, handled a total of 3.637 million cases of various types, up 20.9% year-on-year. The Supreme People's Procuratorate formulated 19 judicial interpretations and documents of judicial interpretation nature, issued 8 batches of 37 instructive cases and 76 batches of 563 leading cases.

- Serve the overall situation of the Party and the state

Safeguard national security and social stability. The procuratorial organs nationwide approved the arrest of 868,000 suspects of various crimes and prosecuted 1,749,000 people. They normalized the campaign to combat organized crime and local tyrants, fighting them while they were at their early stage and weak to promote long-term response and effectiveness, making it a routine practice to follow the rule of ensuring no suspect is allowed to go and no innocent is wronged, a rule that had been in place in the three-year special campaign to combat organized crime and local tyrants.

They cooperated with the public security organs to continue to carry out the fight against abduction and reunion operations, severely punished human trafficking, and thoroughly dealt with the longstanding backlog of cases. They carried out a regular struggle against organized crime and local tyrants, deepened the use of 55 typical cases in 10 batches released in the early stages of the epidemic, released five batches of 24 typical cases, such as the crime of forging vaccination certificates, maintained good order in epidemic prevention and control, and prosecuted 4, 078 people for epidemic-related crimes, down 63. 7 percent year on year.

Efforts were made to create a business-friendly business environment under the rule of law. Procuratorial organs prosecuted 134, 000 people for crimes against the market economy and prevented enterprises from falling into difficulties due to the cases. In accordance with the nature of specific cases, the circumstances and the degree of harm to society, procuratorial organs continued to implement procuratorial policies such as refraining from arresting and prosecuting heads of the enterprises who should not be arrested and prosecuted in accordance with the law for business-related crimes and proposing probationary recommendations for those who should not be sentenced to a real sentence. A total of

38% businesses and other units-related crimes were not prosecuted, an increase of 5.9 percentage points. Procuratorial organs made more solid progress in the pilot reform carried out by procuratorial authorities in ten provinces including Liaoning, Jiangsu, and Guangdong to ensure enterprises involved in criminal cases comply with law. Where arrests and prosecution were not permissible under law, relevant enterprises were ordered to make a commitment to compliance and effective rectification. The Supreme People's Procuratorate worked with eight departments including the State Council State-owned Assets Oversight and Administration Commission, and the National Federation of Industry and Commerce in establishing a third-party oversight and evaluation mechanism, and judicial, law enforcement and industrial regulatory authorities worked together to demonstrate their love with strict regulation. It continued special cleanup of enterprise-related longstanding cases, and implemented the principle "when in doubt, favor the accused". In collaboration with the Ministry of Justice, the Supreme People's Procuratorate piloted in 11 provinces, autonomous regions and municipalities directly under the center government such as Tianjin, Chongqing and Sichuan, allowing those subjected to community correction who comply with oversight and management regulations and perform well to temporarily to engage in production and business activities outside their localities. Flexible regulation is combined with trust, which is more conducive to reform and development.

Promote the prevention and resolution of financial risks. The Supreme People's Procuratorate established a prosecution office at the China Securities Regulatory Commission. In collaboration with the Ministry of Public Security and the CSRC, it specifically punished securities crimes, focusing on 19 major cases; prosecuted 43, 000 people for financial fraud and crimes against financial management order; supervised 36 major illegal fundraising cases with the Ministry of Public Security; and collaborated with the People's Bank of China to issue leading cases and prosecute 1, 262 people for money laundering crimes.

Jointly promote the fight against corruption. Procuratorates accepted 20, 754 referrals from supervisory commissions at all levels, and prosecuted 16, 693 people. Working with the National Supervisory Commission and other authorities, the Supreme People's Procuratorate promoted the investigation of bribery and active bribery, and prosecuted 9, 083 people for bribery and 2, 689 people for active bribery. Public prosecutions were initiated against 23 former provincial and ministerial level officials. Confiscation of illegal proceeds were initiated for 17 fugitive and deceased corruption and bribery suspects.

Serve innovation-driven development. Following the formation of IPR prosecution offices by the Supreme People's Procuratorate, Beijing, Hainan, Shaanxi and 17 provincial-level procuratorates deepened the integration of criminal, civil and administrative prosecution of intellectual property rights and strengthened comprehensive protection; prosecuted 14,000 people for crimes against intellectual property rights; prosecuted 121 people for crimes against trade secrets; and handled 544 cases of oversight over civil and administrative litigation of intellectual property rights.

Promote the law-based governance of networks. Procuratorates prosecuted 282,000 people for using the internet to commit fraud, gambling, dissemination of obscene materials and other crimes. They collaborated with other authorities to promote the action against the illegal trading of telephone cards and bank cards, prosecuting 129,000 people for illegal trading of telephone cards and bank cards. Following the case of the woman who picked up the courier was rumored to have an affairs with a courier boy shifted from her own prosecution to public prosecution, procuratorates successively released guiding cases were successively released on the protection of citizens' personality rights. They helped to withdraw money and transfer money and other crimes and strictly pursued the prosecution of online slander, insult, infringement of citizens' personal information and other serious harm to public order, infringement of citizens' rights. Procuratorates prosecuted 3, 436 people for crimes against the rights of citizens, and focused on crime prevention at the source, handling more than 2, 000 public interest lawsuits for personal information protection.

Contribute to the building of a Beautiful China. Procuratorates prosecuted 49, 000 people for crimes against the ecological environment and resources, representing a drop for the first time in eight years; handled 88, 000 public interest lawsuits for eco-environmental protection and resource protection, urged the restoration of 430, 000 *mu* of damaged arable land, forest land and grassland, urged the restoration of 478, 000 *mu* of contaminated soil, and recovered 590 million yuan in compensation for environmental damage. The waters of Nansi Lake benefits Shandong, Jiangsu. Henan and Anhui provinces. Due to the different treatment standards of the upstream and downstream and left and right banks, there is multiple pollution which seriously affects people's production and life. The Supreme People's Procuratorate directly registered the case, called prosecutors from four provinces to handle the case, helped local governments to work together, unified sewage discharge standards and the plan for relocating coal mines, cleaned up solid waste waste, dismantled illegal buildings, and banned illegal aquaculture. It took 10 months to make the lake clean.

Participate in the building of foreign-related rule of law. A total of 5, 691 foreign-related criminal cases and 178 criminal judicial assistance cases were handled to protect the legitimate rights and interests of Chinese and foreign parties equally, and vigorously safeguarded national sovereignty, security and development interests.

- Practice justice for the people with heart and soul

Guard the good life of the people. Procuratorates prosecuted 11, 000 people for crimes such as manufacturing and selling toxic and harmful food, and counterfeit and substandard drugs; handled 30, 000 cases of public interest litigation for food and drug safety, and urged the investigation and disposal of 480, 000 kilograms of counterfeit and substandard food and 1, 448 kilograms of counterfeit and substandard drugs; continued to implement the No. 4 Prosecution Proposal, and urged the rectification of 930, 000 manhole safety hazards.

Ensure response to all public complaints and proposals. All 2.79 million public complaints and proposals received from 2019 to 2021 were acknowledged and it was made clear who were handling them within 7 days of receipt, and the response rate was be over 90% within 3 months. Procuratorates worked hard to ensure officials take the lead in handling difficult and complex petition cases and the first complaints and proposals accepted by the grassroots procuratorates are handled by their leaders. Public procuratorial hearings were held across the board, and deputies to the NPC, members of the CPPCC National Committee, experts and scholars were invited to participate in the evaluation of controversial and influential cases so that they worked together so solve legal cases of the parties. Procuratorates heard 105,000 cases involving public complaints and proposals, with the hearing and resolution rate reaching 76.5%.

Strive to make children grow up better. Procuratorate implemented the Law on the Protection of Minors, integrated judicial protection into the protection by families, schools, society, the internet and the government so as to form synergy to make "1 + 5 > 6" and work together to better protect minors. In response to guardianship violations, procuratorates supported prosecution and proposed revocation of guardianship in 758 cases, and issued 19,000 oversight and guardianship orders in response to serious guardianship failures. They continued to implement the No. 1 Prosecution Proposal, handled 1,657 cases of abuse against minors through mandatory reporting, and urged rectification and accountability for 459 cases of failure to fulfill reporting obligations. They promoted 7.49 million job inquiries in industries with close contact with minors and dismissed 2,900 people with previous records; prosecuted 61,000 people for sexual assault, abuse and other crimes against minors; educated and rehabilitated minors involved in crimes to the maximum extent, and decided not to prosecute 20,000 with conditions in accordance with the law accounting for 29.7% of the total number of minors involved in the completed cases. They prosecuted 35,000 minors for serious crimes, up 6% year on year. Punishment in accordance with the law is also protection. They helped 39,000 prosecutors serve as rule of law deputy principals in 77,000 primary and secondary schools.

Safeguard the interests of national defense and the legitimate rights and interests of servicepersons and heroes and martyrs. Procuratorates prosecuted 545 people for crimes against the interests of national defense and the legitimate rights and interests of servicepersons; carried out special oversight over military airport clearances for problems affecting flight training safety; handled 325 public interest lawsuits in the national defense and military fields; carried out special oversight in conjunction with the Ministry of Veterans Affairs, issued 4,995 prosecutorial recommendations, promoted the repair of 9,400 martyr memorial facilities, and handled 46 civil public interest lawsuits for the protection of the rights and interests of martyrs.

Strengthen the judicial protection of people's lives. In combination with judicial cases, procuratorates rescued 48,000 people and 610 million yuan of injured parties who had fallen on hard times; attached great importance to cases involving people's lives, supporting supported the prosecution of 44,000 cases in accordance with the law, up 80.9 percent year on year, in cases involving elderly people with weak legal capacity seeking alimony payments, the rights of the disabled, the divorce of women who were victims of domestic violence, and migrant workers seeking wages; and comprehensively launched public interest litigation for barrier-free environment construction, filing 3,272 cases.

- Continue to strengthen criminal and procuratorial oversight

In 2021, the Supreme People's Procuratorate and the

Ministry of Public Security issued guidelines on jointly setting up an office of investigation oversight and cooperation to improve the quality of investigation and handling cases with effective cooperation and better oversight. They supervised the filing of 25, 000 cases that should have been filed but were not, and supervised the withdrawal of 29, 000 cases that should not have been filed, and proposed 75, 000 corrective guidelines on violations of investigative activities. They filed 8, 850 criminal protests on criminal rulings that were deemed to be wrong. Some 6, 380 cases were completed by the courts, of which 4, 330 were re-sentenced and remanded for retrial, and 67. 9% were accepted. The Supreme People's Procuratorate made 14, 000 corrective comments on illegal criminal trial activities. The Supreme People's Procuratorate issued the Regulations on Circuit Inspection of People's Procuratorates. In 2021, it directly organized tour inspections of seven prisons, found and urged the rectification of prominent problems in prisons, and promoted the investigation and punishment of work-related crimes, followed up on the full implementation of circuit inspection of prisons, and piloted circuit inspection of detention centers in 20 provinces. It issued 30, 000 corrective guidelines on the improper commutation of sentence, parole and provisional release from prison, and 58,000 corrective guidelines on violations of criminal enforcement activities. Procuratorates handled crimes committed by judicial staff, and filed and investigated 2,253 cases of crimes committed by judicial staff.

- Conduct target civil litigation oversight

Procuratorates strengthened the concept of precise oversight, and lodged 5,319 appeals against civil judgments that were deemed to be wrong. The courts concluded 4,006 cases, of which 3,530 cases were changed, retried, conciliated, or settled, with a change rate of 88.1 percent; 8,803 proposals for retrial were made, with a 96.9% adoption rate by the courts. The courts adopted 45,000 of the recommendations made by the procuratorates on illegal acts in civil trial activities. Procuratorates actively promoted the solution of enforcement difficulties, and put forward 54,000 sets of prosecution proposals on illegal acts of civil enforcement activities, and 54,000 sets were adopted by the courts in the same period. For the third consecutive year, the special oversight over civil sham lawsuits was effective in 2021, with 8,816 cases of "sham lawsuits" corrected by protests or prosecution proposals, and 1,135 people were prosecuted for sham lawsuits. Eleven provinces, autonomous regions, and municipalities directly under the central government, including Shanxi, Inner Mongolia, Heilongjiang, and Guangxi, established a system of reviewing both the original and the second copies of civil litigation cases to ensure a more comprehensive understanding of the cases and more accurate procuratorial oversight.

- Comprehensively deepened administrative procuratorial oversight

In 2021, the national procuratorial authorities completed 16,000 cases of oversight over administrative decisions in force. The courts concluded 121 of the 245 appeals against administrative judgments that were considered to be wrong, of which 87 were revised, remanded, mediated or conciliated, with a change rate of 71.9%. A total of 222 proposals were put forward for retrial, and the court ruled 122 cases of retrial at the same time, with the adoption rate of 55%. More than 9,000 prosecution proposals were made on illegal acts of administrative trial activities. A total of 29,000 prosecution proposals were made for the illegal actions in administrative enforcement activities. Focusing on non-litigation enforcement of land, procuratorates carried out special oversight over 16,000 cases of untimely acceptance by courts and irregular enforcement and administrative organs' negligence in applying for enforcement, involving an area of 190,000 *mu* of land.

Procuratorates regularly promoted the substantive resolution of administrative disputes, effectively resolving a total of 9,100 cases of administrative disputes, including 435 cases of litigation which had remained unsettled for more than 10 years.

- Actively and steadily promote public interest litigation prosecution

In 2021, procuratorates nationwide filed 169,000 public interest litigation cases. The Supreme People's Procuratorate and provincial procuratorates directly handled 110 cross-regional and influential cases. With maintaining public interest before litigation as the best judicial state, procuratorates conducted consultation at different levels and issued pre-litigation prosecution recommendations to promote governance at the source. The problem of public interest damage was solved for most cases before litigation. A total of 144,000 cases of pre-litigation procedures were carried out. Some 11,000 cases of public interest litigation were initiated for those where the prosecution proposals could not be implemented. During the same period, the courts' first instance decision support rate was 99.8%. Procuratorates actively worked to give a play to the recovery function of civil public interest litigation. Through punitive damages, procuratorates increased the cost of violations of law, resulting in deterrence and warning effect.

- Consciously address litigation at the source

Procuratorates used prosecution proposals to help address litigation at the source. Since 2018, the Supreme People's Procuratorate issued the first to sixth prosecution proposals to relevant departments concerning campus safety, service of judicial announcements, financial regulation, manhole management, false lawsuits, and network remediation; for express safety issues, the seventh prosecution proposal was issued to the State Post Bureau in 2021. The Ministry of Public Security and the State Post Bureau carried out timely special operations, and cracked 1709 cases of drug delivery in three months.

Implement the criminal justice policy of less arrests and cautious prosecution and detention. To adapt to the changes in the structure of criminal crimes, while severely punishing serious criminal crimes, the majority of minor crimes, first-time accidental offenders, etc. were treated with leniency in accordance with the law. Care was taken to ensure less arrests, cautious prosecution and prudent custody, which is beneficial to the differentiation of crimes and reduction of opposition to society. For the year, decisions were made a native of to arrest 385, 000 people and not to prosecute 348, 000 others, an increase of 28. 3% and 150% times over 2018, with a 37. 4% drop in the number of public security organs offering different guidelines and requesting reconsideration and review, and an 11. 2% drop in the number of complaints filed by victims who were not convinced. If administrative punishment should be imposed on a criminal suspect who was to be prosecuted upon decision, the case was transferred to the competent authority. Procuratorates carried out the review of the necessity of detention, recommending the release or change of compulsory measures for 56, 000 people in accordance with the law, and reduce the pre-litigation detention rate from 54. 9% in 2018 to 42. 7% in 2021. Shandong, Zhejiang and other places explored the use of electronic bracelets, big data and other technological means of oversight, and no one lost contact pending bail trial.

Procuratorates ensured the penal policy of severity tempered with mercy is applied wherever possible and fully implemented in a standardize manner. They formulated guidelines on sentencing proposals, listened to the opinions of parties and lawyers, and made sure that guilty pleas were voluntary and legal. Throughout the year the annual application rate exceeded 85% , and the adoption rate of sentencing recommendations exceeded 97%; the first instance conviction rate was 96.5%, 22 percentage points higher than that of other criminal cases, reducing a large number of appeals and complaints from the source.

Use big data to promote national governance. We deepened the development of intelligent prosecution services, fully deployed the application of the procuratorial business application system version 2.0. Through the establishment of various forms of data interconnection and sharing platforms, the procuratorial authorities in Zhejiang Province found oversight clues from the intelligent analysis of massive data, doubled the number of cases, and significantly improved the quality and efficiency. The Supreme People's Procuratorate reviewed and promoted the experience of Zhejiang, deployed and implemented the strategy of procuratorial big data, made full use of big data to help "intelligent oversight", scientific management and prosecution source governance, empowered legal oversight in the new era with the "digital revolution", and boosted deep governance.

3. Public security work

In 2021, public security organs nationwide highlighted three major events: security for the centennial celebration of the founding of the Party, study and education on the Party's history, and education and rectification of the public security team, and strengthened their sense of mission and responsibility to ensure new achievements in all of their work.

- Gain a full understanding and implement Xi Jinping's thinking on the rule of law

The principal leader of the Minister of Public Security published a signed article on gaining an understanding and implementing Xi Jinping's thinking on the rule of law, and made clear requirements for strengthening public security in the new era. The Ministry of Public Security held a series of meetings, including the National Conference of Directors of Public Security Departments and the National Conference of Public Security Organs on Deepening the Reform of Police Mechanism to make plans for gaining an understanding and propagating of Xi Jinping's thinking on the rule of law and strengthening public security under the rule of law. The Ministry of Public Security held five special lectures and more than 28, 000 political training classes to promote the political consciousness, ideological consciousness and action consciousness of all police officers in gaining an understanding of and implementing Xi Jinping's thinking on the rule of law. The Ministry of Public Security held a special press conference to report the national public security organs gaining an understanding of and implementing Xi Jinping's thinking on the rule of law, achieving good social effects. Local public security organs at all levels generally held Party committee meetings or special meetings on Xi Jinping's thinking on the rule of law, and on the basis of in-depth study and understanding, studied and planned ideas and measures for promoting public security work and strengthening the ranks of public security officers.

- Crack down on prominent crimes in accordance with the law

Public security organs regularly carried out the struggle against organized crime and local tyrants, knocking down 195 organized crime-related organizations and 1, 086 local tyrants, consolidating the effectiveness of the special struggle. They combined efforts to counter and prevent terrorism and promoted the normalization of the rule of law to maintain stability. China did not see the occurrence of riot and terrorist cases for five consecutive years. Public security organs deepened the initiatives such as the Cloud Sword Initiative, the Anti-Drug Initiative, the Initiative to Purify the Internet Environment, the Kunlun Initiative, the Initiative against the Illegal Trading of Telephone Cards and Bank Cards, the Fox

Hunting Initiative, and the Anti-Abduction Reunion Initiative. They cracked down on obstruction of national (border) management, gun-related explosives, telecommunications network fraud, cross-border gambling, infringement of citizens' personal information, taxation fraud, forced labor of the mentally disabled, illegal fishing and illegal sand mining in the Yangtze River basin, as well as "theft, robbery and deception", "pornography, gambling and drugs", crimes related to food, medicine and the environment and other prominent illegal crimes strongly resented by the people in accordance with the law, achieving remarkable results. Among them, a total of 19,000 cases of crimes against the management of China's borders with other countries and the borders of China's mainland with other parts of the country were detected and 97,000 people involved were arrested throughout the year; the number of criminal cases involving guns and explosives decreased by 64.1% compared with 2017; the number of cases of telecommunication network fraud decreased month by month since June 2021, and a total of 329.1 billion yuan was intercepted for the public in an emergency throughout the year; a number of cross-border gambling syndicates were destroyed, effectively curbing the momentum of offshore gambling and gambling recruitment;

the number of cases of cybercrime and cyberspace ecological management was fully resolved, with 62,000 cases of cybercrime such as infringement of citizens' personal information and "cyber black and gray industries" being solved; 4,959 criminal cases of illegal fishing in the Yangtze River basin were solved; and 75,000 criminal cases concerning food, drug and the environment and intellectual property rights were cracked; carried out a cluster crackdown on 730 major underground money-making criminal networks, effectively curbing the spread of the underground money-making crime momentum; a total of 670 fugitive economic crime suspects were arrested, recovering about 1.4 billion yuan; and the Operation Reunion recovered 11,198 children missing and abducted over the years.

- Continuously improve social management services

Driven by the initiative to create national social security prevention and control system demonstration cities and public security police stations of the Fengqiao Model, public security organs strengthened the public security prevention and control system, built a total of 16,000 street police stations and had the average daily number of 500,000 police officers carry out patrol for crime prevention and control. They actively implemented the policing models such as the model with a comprehensive command room, a law enforcement case team and a community policing team and the model with a police officer for every and each village and community, and capacities for basic prevention and grassroots governance were constantly improved. The Ministry of Public Security deployed the special rectification of the use of official guns and civilian firearms and organized the arrest of people at large involving in the use of guns and explosives. Efforts were made to carry out crackdown on underground mobile casinos, rectify of industry places involved in pornography, carry out security rectification at entertainment service places, and further improve the ability to maintain law and order. Public security organs adhered and developed the Fengqiao Model for the new era, thoroughly investigated and mediated conflicts and disputes, promoted the implementation of local management and source management measures, and actively participated in the prevention and resolution of major financial risks, and eliminated all kinds of security risks. Public security organs worked to strictly meet the requirement to prevent inbound the COVID-19 cases and domestic resurgences, carried out targeted the COVID-19 prevention and control, tighten the management of border control measures and fully use big data to support the flow of traceability. They continued to address the illegal entry, stay and work of foreigners and improved the long-term system and mechanism of for the management of foreigners in China. They worked to solve the outstanding problems of public complaints and proposals for public security and protect the legitimate rights and interests of the public. They successfully completed a series of security tasks for major events such as the centennial celebration of the founding of the Party, the 70th anniversary of the peaceful liberation of Tibet and the 14th National Games, and fully launched the security mechanism for the Beijing Winter Olympics. They coordinated the prevention and control of the epidemics and economic and social development, carried out in-depth practical activities of "I do practical things for the people", focused on solving the "urgent, difficult and worrying" problems of the people, launched a large number of new service protection and people-friendly initiatives in immigration, public security and household administration, road traffic management, etc., and introduced 30 measures of "key small things" in the field of public services of public security organs, so that the people's sense of fulfillment was further enhanced.

- Promote the standardization of law enforcement in the new era

The Ministry of Public Security held a national video conference on the legal system of public security, thoroughly studied and planned for the standardization of law enforcement, and made general plans to develop the rule of law in the new era. It ensured fresh progress in the enaction of key laws such as the People's Police Law, the Public Security Administrative Penalties Law, the Detention Center Law, the Road Traffic Safety Law. In conjunction with relevant departments, it introduced relevant legal policies and law enforcement guidance documents, providing a powerful legal weapon for grassroots law enforcement and case handling. It comprehensively promoted the development of law enforcement case management centers, and public security organs nationwide built 2,794 "one-stop" law enforcement case management centers integrating functions such as law enforcement case handling, oversight and management, and service protection, with a completion rate of 91.3%. The Ministry of Public Security issued the Guidelines on Promoting the Reform of Law Enforcement Oversight and the Management Mechanism of Public Security, promoting the development of a law enforcement oversight and management system that is stringent and efficient. Public security organs at all levels strengthened whole-process and all-factor oversight and management of law enforcement, implemented the working mechanisms whereby cases are accepted and filed and criminal cases are reviewed and decided by the legal departments and the reform tasks to investigate, oversee and manage funds. They concentrated on rectifying outstanding law enforcement problems such as failure to file cases, failure to investigate longstanding cases and downgrade their treatment, further standardized and guaranteed meetings with lawyers, and enhanced the credibility of law enforcement. Public security organs promoted the development law enforcement information technology, and constantly improved the effectiveness of law enforcement and oversight and management of cases, used intelligent means to rectify persistent problems in law enforcement, deployed the application of the "three sets of regulations" direct reporting system to prevent interference in justice, and attained the goal of mandatory record filling all cases that must be recorded, creating simple and easy methods, enabling cross-level direct reporting, and ensuring strict protection. The Ministry of Public Security carried out extensive combat training to improve the rule of law and law enforcement capabilities of all police officers, and continued to deepen the law enforcement qualification examination, with a total of 1.9 million serving police officers nationwide obtaining basic law enforcement qualifications and 60,000 serving police officers obtaining advanced law enforcement qualifications. To promote the public security legal system, the Ministry of Public Security held a press conference on the standardization of law enforcement to show the good image of the public security organs in strict, fair and appropriate law enforcement. It ensured that public security organs carried out activities such as the implementation of the Seventh Five-Year Plan for Raising Public Legal Awareness, the Constitution Publicity Week, the marking of the anniversary of the promulgation and implementation of the Anti-Terrorism Law, the Cybersecurity Publicity Week.

4. Judicial administrative work

In 2021, focusing the central task and the overall interest of China, the judicial administrative authorities made overall plans for their work in the context of comprehensively advancing law-based governance and safeguarding national security. They conscientiously gained an understanding of and implemented the guiding principles from General Secretary Xi

Jinping's major directives and instructions, and strove to practice justice for the people. All their work had new results and achieve new development.

- Prison work

In 2021, the national prison security and stability situation was generally stable. Education and rectification of the ranks of judicial and law enforcement officers were deepened. Great efforts were made to make prisons more standard and law-based, and the level of prison management, the credibility of law enforcement and justice, and the conduct and image law enforcement personnel further improved. The Regulations on Prisons Assessing Offenders Based on Points to further improve the systems for prison sentence reduction, parole, and temporary execution outside prison. Theoretical and political education was deepened, new education and rehabilitation models were created, and the quality and effectiveness of the rehabilitation of criminals kept improving. A holistic approach to national security was pursued. A comprehensive investigation and rectification of prison safety hazards was conducted and the three-year action to improve workplace safety was launched to maintain prison security and stability. Efforts were made to comprehensively deepen the openness of prison affairs and promote the rule of law, and

96% of the country's prisons completed the reduction of sentence and parole information platform for handling cases. Continued efforts were made to grasp epidemic prevention and control on a regular basis, and incorporate prisons into the local joint prevention and control mechanism, and prisons nationwide achieved zero epidemic infection.

- Community correction work

The implementation of the Community Correction Law was deepened, community correction work was strengthened in accordance with the law, the work system and mechanism were improved, and progress was made in standardization, refinement, and IT application. Classification management and individualized correction were pursued. Active efforts were made to organize nongovernmental forces to participate in community correction work, continuously improve the quality of education and correction, and effectively prevent and reduce recidivism. A total of 590, 000 new community correction subjects were received in 2021, plus the 645, 000 people registered at the end of 2020, 1, 235, 000 people were listed for community corrections for the year, 570, 000 people were released from correction, and the rate of recidivism of community correction subjects during correction was at a low level, making a positive contribution to the maintenance of social security and stability.

- Judicial administrative drug rehabilitation work

The national unified basic model for judicial administrative drug rehabilitation work was completed, drug rehabilitation work became more standardized, scientific and modernized. Drug rehabilitation centers nationwide continued to maintain the "three zeroes" record in the COVID-19 prevention and control, and they all achieved zero accidents in workplace safety for six consecutive years.

- Lawyer work

The central entities and local governments did a good job in selecting and hiring legal advisers and putting them on record, further standardized the use and management of legal advisers, and promoted the participation of legal advisers in the decision-making of Party and government organs in accordance with the law. The Central Office for Law-Based Governance issued the Guidelines on Accelerating the Work of Public Lawyers and increased the work of guidance and promotion efforts. By the end of 2021, there were 37,000 law firms and 576,000 lawyers nationwide, including 72,000 public lawyers. The pilot project to make lawyers' defense available in criminal cases was deepened, a total of 2,660 counties, cities and districts nationwide carried out the pilot project, and 25 provinces, autonomous regions and municipalities directly under the central government achieved full coverage of the pilot project in county-level administrative areas, and the rate and quality of lawyers' defense in criminal cases effectively improved. The Supreme People's Court and the Ministry of Justice jointly issued the Regulations on Legal Aid for Defendants in Death Penalty Review Cases (for Trial Implementation) to improve the system of appointing defense in death penalty review cases and effectively protect the litigation rights of defendants. Support was given to more than 17,000 law firms and more than 19,000 chambers of commerce and industry affiliated to the Federation of Industry and Commerce, and more than 1,800 county-level federations of industry and commerce to establish contact and cooperation mechanisms. Service activities were carried out more than 100,000 times, effectively promoting the rule of law in private-sector enterprises and helping to build a business environment under the rule of law. The activities of "Tibet Aid Lawyer Service Group" was continued, 68 lawyers were selected and sent to counties in Tibet without lawyers to provide legal aid and public welfare legal services.

- Legal aid work

The Ministry of Justice and the National Office for

Increasing Public Knowledge of the Law jointly issued the Circular of the Ministry of Justice and the National Office for Increasing Public Knowledge of the Law on the in-depth study and promotion of the Legal Aid Law, organized a teleconference on the study and implementation of the Legal Aid Law for national judicial administrative authorities, and held a training course on the Legal Aid Law for national judicial administrative authorities. The Ministry of Justice and the Central Civilization Office jointly issued the Measures for the Management of Legal Aid Volunteers. The Ministry of Justice reviewed and publicized the brand activity of "Legal Aid for People's Lives and Poverty Alleviation", and notified and commended outstanding entities and individuals. The Ministry of Justice issued the Circular of the Ministry of Justice on Launching the "Rural Vitalization with the Rule of Law" Campaign and the division of work plan for the campaign, guiding localities to innovate ways and means of work to provide quality and efficient legal aid services for the rural residents. Efforts were made to intensify the campaign to provide legal aid to improve people's livelihoods and help rural migrant workers, focus on new forms of business, help eradicate wage arrears, and safeguard the legitimate rights and interests of rural migrant workers. The Ministry of Veterans

Affairs and the Ministry of Justice jointly issued the Legal Aid for the People's lives campaign, focusing on new industries, helping to fight the battle against wage arrears and safeguarding the legitimate rights and interests of migrant workers. The Ministry of Veterans Affairs and the Ministry of Justice jointly issued the Guidelines on Strengthening Legal Aid for Ex-Servicepersons, and established a priority service mechanism for ex-servicepersons. By the end of 2021, China's legal aid institutions had approved and handled 1.473 million legal aid cases (excluding those involving on-duty lawyers).

- Notary public work

The Ministry of Justice issued the Guidelines on Deepening the Reform of Notary Public System and Mechanism to Promote Healthy Development of Notary Public Business, which provides clear directions and paths for improving the operation mechanism of notary public institutions which function as public institutions, promoting the standardization of cooperative notary public institutions, and deepening the structural supply-side reform of notary public services. By the end of 2021, there were 14,000 notaries nationwide, handling 12 million notarial matters. There were 2,734 notary institutions which function as public institutions, of which 541 implemented the staffing filing system, 984 approved the performance allocation scheme, and 863 implemented enterprise financial management. The mechanism of notary institutions which function as public institutions was improved and their vitality been further stimulated. Cooperative notary institutions made progress steadily, there were a total of 143 cooperative notary institutions nationwide, and the overall development trend was good.

- Judicial appraisal work

The Ministry of Justice took the strengthening of Party building in the forensic appraisal industry as an important political task, issued the Guidelines on the Implementation of Party Building Tasks in the Forensic Appraisal Industry, and guided the steady progress of Party building work in various places; carried out special treatment of outstanding problems in the forensic appraisal industry nationwide, and strengthened the punishment for violations; issued the Management Measures for Forensic Appraisal Education and Training, and worked with the Ministry of Human Resources and Social Security to issue the Guidelines of the Ministry of Human Resources and Social Security and the Ministry of Justice on Deepening the Reform of the Title System for Public Legal

Service Professionals and continue to strengthen the development of forensic talent; issued the Rules for the Registration and Evaluation of Judicial Identification Institutions for Forensic Audio-Visual Materials and tightened review for access registration; formulated the Measures for Evaluation of Credit Rating of Judicial Appraisal Institutions (for Trial Implementation) and the Measures for Administration of Exit of Judicial Appraisal Institutions and Judicial Appraisers (for Trial Implementation); worked with the China Banking and Insurance Regulatory Commission to issue the Circular of the General Office of the General Office of the Ministry of Justice of the People's Republic of China and the Banking and Insurance Regulatory Commission on Standardizing the Work of Judicial Appraisals Involving Insurance Claims, and carried out oversight, spot checks and comprehensive evaluation of the initiative of oversight combining randomly selected inspectors who inspect randomly selected entities and the prompt release of results, to strengthen oversight over and management of judicial appraisal institutions and appraisers, and standardize their practice. By the end of 2021, there were more than 2, 900 judicial appraisal institutions registered and managed by judicial administrative organs nationwide, with more than 37, 000 appraisers.

● Arbitration

Efforts were made to promote pilot work on comprehensive reform of the internal governance mechanism of arbitration committees, and provide guidance and support to arbitration institutions in Shanghai, Liaoning and Jiangxi for reform of their internal governance mechanisms. To give full play to the professional advantages of arbitration in resolving conflicts and disputes, the China Securities Regulatory Commission and the Ministry of Justice jointly issued the Guidelines of the China Securities Regulatory Commission and the Ministry of Justice on Piloting Arbitration in the Securities and Futures Industry in Accordance with the Law. The Ministry of Culture and Tourism and the Ministry of Justice jointly issued the Circular of the General Office of the Ministry of Culture and Tourism and the General Office of the Ministry of Justice on the Piloting of the Bridging of Mediation and Arbitration in Tourism Complaints. Support was given to arbitration institutions to set up professional arbitration work platforms for securities and futures and tourism complaint disputes, professional arbitration rules, the professional development of arbitration was promoted. By the end of 2021, 270 arbitration institutions nationwide had handled more than 410,000 civil and commercial cases, with a case value of more than 800 billion yuan.

- People's mediation and judicial office work

The China National Intellectual Property Administration and the Ministry of Justice jointly issued the Guidelines on Strengthening Mediation in Intellectual Property Disputes, and strengthened commercial mediation concerning the Belt and Road Initiative, the Guangdong-Hong Kong-Macao Greater Bay Area, the Hainan Free Trade Port and various free trade zones. By the end of 2021, there were 689, 000 people's mediation committees and 3. 162 million people's mediators nationwide, investigating 5. 07 million conflicts and disputes and mediating 8. 74 million conflicts and disputes throughout the year. The Ministry of Justice issued the National Standard for Judicial Office Work to further clarify the responsibilities of judicial offices to strengthen the rule of law at the grassroots level and enhance the standardization of work. By the end of 2021, there were 39, 000 judicial offices nationwide, with 150, 000 judicial office staff. The judicial offices fully played their functional role, carried out in-depth investigation and resolution of conflicts and disputes, provided legal aid, and conducted rule of law publicity and education and governance in accordance with the law, participated in the mediation of more than 4. 6 million cases of various conflicts and disputes, carried out 1.35 million sessions of rule of law publicity and education, received legal advice from the public more than 6 million times, provided more than 260,000 legal guidelines and suggestions for the grassroots Party committees and governments on major decisions, and assisted in the formulation of more than 50,000 normative documents, actively providing legal services and legal guarantee for grassroots Party committees and governments to make decisions and govern in accordance with the law.

- National uniform legal qualification examination

Focusing on the requirements of building a high-quality rule of law workforce with integrity and competence, Xi Jinping's thinking on the rule of law was incorporated into the legal qualification examination syllabus as an important test content. Efforts were made to overcome many difficulties such as the impact of the COVID-19 epidemic, adhere to the principles of "strict governance, standardized management and warm service", and do a good job in the prevention and control of the epidemic and the organization and implementation of the examination. A total of 718,000 people registered for the objective examination. The inter-provincial system of applying for legal professional qualifications through one network was fully implemented. The review and certification of legal qualifications for those who passed the 2020 examination were completed in two batches, granting legal qualifications to more than 162, 000 people in total. The government formulated and introduced a new round of relaxation policies for legal qualification examinations, and increased support for key counties for rural vitalization.

V. Legal Protection of Human Rights

In 2021, China continued to promote the development of human rights. In June, the Information Office of the State Council published a white paper entitled "The Communist Party of China and Human Rights Protection", pointing out that over the past 100 years, the CPC put the people first, combined the universal principles of human rights with Chinese reality, insisted that the right to survival and development is the primary basic human right, insisted that the people's happy life is the greatest human right, insisted on promoting comprehensive human development, constantly enhanced people's sense of fulfillment, happiness, and security, and successfully blazed a socialist human rights development path with Chinese characteristics. In September, the State Council Information Office released the National Human Rights Action Plan of China (2021-2025), which identifies milestones and tasks for respecting, protecting, and promoting human rights from 2021 to 2025, including: consolidating the results of poverty eradication, promoting common prosperity for all people, and safeguarding the economic, social and cultural rights of citizens; improving the rights protection system, strengthening the protection of human rights under the rule of law, and effectively respecting and safeguarding civil and political rights; improving the equal protection and special protection of the rights and interests of various specific groups, such as ethnic minorities, women, children, the elderly and persons with disabilities, and promoting the comprehensive development of all people; earnestly implementing international commitments, deeply participating in international human rights affairs, promoting the improvement of the global human rights governance system, and building a human community with a shared future. This is the fourth national plan on human rights formulated by the Chinese government. It is also an important milestone in the development of human rights in China, marking a new stage in the development of human rights in China. In December, the book *Xi Jinping on Respecting and Safeguarding Human Rights* was published and distributed by Central Party Literature Publishing House, which is important for China to safeguard the human rights of the Chinese people at a higher level, promote the formation of a more just, reasonable and inclusive global human rights governance, and jointly build a human community with a shared future.

1. Protection of the right to survival and development

• Complete a moderately prosperous society in all respects

In April, the Information Office of the State Council released a white paper entitled "Poverty Alleviation: China's Experience and Contribution". The white paper pointed out that since the 18th National Congress of the Communist Party of China, after eight years of sustained struggle, by the end of 2020, China had completed the task of poverty eradication in the new era on schedule, eliminated absolute poverty comprehensively, and achieved the poverty reduction target of the United Nations 2030 Agenda for Sustainable Development 10 years ahead of schedule, which is not only a milestone event in the history of development of the Chinese nation, but also a great event in the history of human poverty reduction and even in the history of human development. In August, the Information Office of the State Council published a white paper entitled "Building a Moderately Prosperous Society: A Glorious Chapter in China's Human Rights Development". The white paper pointed out that China built a moderately prosperous society, which strengthened the foundation of human rights, enriched the connotation of human rights, broadened the vision of human rights, implied the comprehensive development and sharing of human rights by all people, wrote a new chapter of China's human rights cause, and created a miracle of respecting and safeguarding human rights for human beings; the successful practices and experiences of respecting and safeguarding human rights created by China in the great process of building a moderately prosperous society contributed Chinese wisdom and provided China's approach to enhance human wellbeing.

- Urbanization and rural vitalization

In February, the CPC Central Committee and the State Council formulated the Guidelines of the CPC Central Committee and the State Council on Comprehensively Promoting Rural Vitalization and Accelerating Agricultural and Rural Modernization, proposing measures to consolidate and expand the achievements of poverty eradication and rural vitalization, accelerate the modernization of agriculture, and implement rural development actions to comprehensively promote rural vitalization and accelerate agricultural and rural modernization. In April, the Ministry of Housing and Urban-Rural Development, the Ministry of Finance, the Ministry of Civil Affairs and the National Rural Revitalization Administration jointly issued the Guidelines on the Housing Security for Rural Low-Income Groups and Other Key Target Groups, proposing that in the 14th Five-Year Plan period, the Ministry of Housing and Urban-Rural Development, the Ministry of Finance, the Ministry of Civil Affairs and the National Rural Revitalization Administration would gradually provide housing security for low-income groups in rural areas and effectively link the progress made in consolidating and expanding poverty alleviation with rural vitalization. In June, the NPC Standing Committee passed the Rural Vitalization Law of the People's Republic of China, proposing to comprehensively implement the strategy of rural vitalization, promote the comprehensive upgrading of agriculture, the comprehensive progress of rural areas and the comprehensive development of farmers, and accelerate the implementation of the strategy of rural vitalization. In the same month, the Ministry of Housing and Urban-Rural Development, the Ministry of Agriculture and Rural Affairs and the National Rural Vitalization Bureau jointly issued the Guidelines on Accelerating the Modernization of Agricultural Housing and Village Construction, pointing out that the modernization of agricultural housing and village construction should be accelerated, the functions of agricultural housing should be improved, the quality of agricultural housing should be enhanced, the construction of rural infrastructure and public service facilities should be strengthened, the overall level of rural construction should be upgraded, the quality of farmers' residence should be improved and the production and living conditions of farmers should be improved.

- Improve public services

In April, 20 ministries and commissions, including the National Development and Reform Commission, the Central Publicity Department and the Ministry of Education, issued the National Basic Public Service Standards (2021 Edition), which specify the specific coverage and quality requirements for basic public services in nine aspects: ensuring people's access to childcare, education, employment, medical services, elderly care, housing, and social assistance, ensuring military services and ensuring cultural and sports services, promoting promote equal access to public services with standardization.

2. Protect the right to health

In 2021, as COVID-19 continued to ravage the world, and the CPC and the government took effective measures to control the epidemic and effectively protect people's right to health. In June, the National Health Security Administration, the Ministry of Finance and the State Administration of Taxation issued the Circular on the Basic Medical Insurance for Urban and Rural Residents in 2021, specifying that the funding standard for residents' medical insurance would continue to be raised in 2021. In 2021, per capita government subsidies for medical insurance increased by 30 yuan to no less than 580 yuan per person per year. The individual contribution standard was also raised by 40 yuan to 320 yuan per person per year. In July, the National Health Commission, the Ministry of Finance and the National Administration of Traditional Chinese Medicine issued the Circular on Completing the Work of the Basic Public Health Service Project in 2021, specifying that the per capita subsidy for basic public health services in 2021 would be 79 yuan, of which 5 yuan which was increased in 2021 would be used for basic public health services and epidemic prevention and control work in primary health care institutions. By the end of 2021, 31 provinces, autonomous regions and municipalities directly under the central government and the Xinjiang Production and Construction Corps reported the administration of a cumulative total of 2.823418 billion doses of vaccination against the COVID-19 pandemic.

3. Protect labor rights and interests

In May, the State Council Executive Meeting decided to extend the period of some policies to reduce burden and stabilize jobs and expand employment until the end of the year, and determined measures to further support flexible employment. In July, the Ministry of Human Resources and Social Security, the National Development and Reform Commission, the Ministry of Transport and five other departments issued the Guidelines on Safeguarding the Labor Rights and Interests of Workers in New Employment Patterns, which for the first time clarified the platform responsibility, remuneration, rest, occupational injury protection and other focal issues and built "protection nets" for the rights and interests of food delivery riders, ride-hailing drivers, e-commerce anchors. In August, the Supreme People's Court issued thanks the Guidelines of the Supreme People's Court on Providing Judicial Services and Guarantee for Comprehensively Promoting Rural Revitalization and Accelerating Agricultural and Rural Modernization, proposing to properly hear labor dispute cases involving migrant workers and to protect the rights and interests of migrant workers in new employment patterns. The Supreme People's Court proposed to properly adjudicate labor disputes involving migrant workers and safeguard the labor security rights of migrant workers in the new employment pattern.

4. Protect the right to education

In May, the Ministry of Education, the National Development and Reform Commission, the Ministry of Finance and the National Rural Revitalization Administration issued the Guidelines on Coordinating Consolidating and Expanding the Achievements of Education in Combating Poverty and Rural Vitalization, proposing to establish a sound long-term mechanism of consolidating and expanding the achievements of compulsory education with guarantee, establish a sound mechanism of helping students from rural families with economic difficulties in education, and do a good job of consolidating and expanding the achievements of education in combating poverty and rural vitalization. In August, nine departments including the Ministry of Education issued the Targeted Training Program for Excellent Teachers in Less Developed Areas in Central and Western China, which requires strengthening the targeted training of teachers in less developed areas in central and western China, and starting from 2021, the teacher training universities directly under the Ministry of Education and local teacher training colleges should provide targeted training from 2021 onwards to train about 10,000 undergraduate-level teacher trainees each year for primary and secondary schools in 832 deprived counties (formerly concentrated contiguous special hardship counties and key counties for national poverty alleviation and development work) and land border counties in central and western China, so as to improve the quality of the primary and secondary school teaching force in less developed areas in central and western China from the source and train a large number of excellent teachers.

5. Protect the rights and interests of specific groups

- Protect the rights and interests of minors

In June, the revised Law on the Protection of Minors was put into effect, establishing a new system of protecting minors with the participation of families, schools, society, the internet, the government and the judiciary. In the same month, the Ministry of Education promulgated the Regulations on the Protection of Minors in Schools, which are based on the Constitution, the Civil Code, the Law on the Protection of Minors, the Education Law and other laws, and follow the principle of comprehensive protection, with a special chapter on "General Protection" systematically stipulating special provisions on bullying, sexual assault, sexual harassment and other issues of social concern. In October, the NPC Standing Committee passed the Law of the People's Republic of China on the Promotion of Family Education, which provides for family responsibility, state support, social coordination and legal responsibility. This is the first time that China enacted legislation on family education. It aims to carry forward the fine tradition of the Chinese nation of attaching great importance to family education, guide the whole of society to attach importance to family, family education and family traditions, enhance family happiness and social harmony, and train socialist builders and successors who are well developed in terms of moral grounding, intellectual and physical ability, aesthetic sensibility, and work skills. In November, the Supreme People's Procuratorate, the All-China Women's Federation and the China Working Committee for the Care of the Next Generation jointly issued the Typical Cases of Comprehensive Family Education and Guidance in Handling Cases Involving Minors to promote the high-quality development of family education and guidance in cases involving minors. In December, the Supreme People's Procuratorate and the Ministry of Education jointly issued the Regulations on Prosecutors' Work as Rule of Law Vice

Principals to effectively strengthen rule of law education, student protection, crime prevention, safety management and legal governance to support a rule of law for children. The Public Prosecutor's Office and the Ministry of Education jointly issued the Regulations on Procurators Serving as Deputy Rule of Law Principals in Schools in order to effectively strengthen education on the rule of law, student protection, crime prevention, safety management and law-based governance, creating a rule of law environment for the children.

- Protect the rights and interests of women

In November, the Rights and Interests Department of the All-China Women's Federation issued the Guidelines for Collecting Evidence from Victims of Domestic Violence, which provide for "evidence to prove that domestic violence occurred" and "evidence to prove that one is in danger of domestic violence", and help victims to establish a sense of evidence and protect their legitimate rights and interests in accordance with the law. In December, the draft revision to the Law of the People's Republic of China on the Protection of Women's Rights and Interests was submitted to the 32nd Meeting of the Standing Committee of the 13th NPC for consideration for the first time, which is another major revision to the Law on the Protection of Women's Rights and Interests after nearly 30 years of implementation. In December, the final statistical monitoring report of the China Women's Development Program (2011-2020) released by the National Bureau of Statistics showed that the average life expectancy of women exceeded 80 years, equal access to preschool education for girls was effectively guaranteed, and the proportion of women among all employed persons in society remained at over 40%.

- Protect the rights and interests of servicepersons

In January, the Central Judicial and Law Enforcement Commission, the Supreme People's Court, the Supreme People's Procuratorate, the Ministry of Public Security, the Ministry of Justice and the Ministry of Veterans Affairs jointly issued the Guidelines on Strengthening Judicial Aid for Veterans, which aims to increase the efforts to provide aid to veterans in difficulty in the judicial process, effectively safeguard veterans' lawful rights and interests and prom social harmony and stability. In June, the NPC Standing Committee adopted the Law of the People's Republic of China on the Protection of the Status, Rights, and Interests of Servicepersons, which clarifies the guidelines, principles and institutions and mechanisms for the protection of the status, rights, and interests of servicepersons, specifies the basic system for the protection of treatment of servicepersons, improves the system of military pension and preferential treatment, and clarifies the mechanism for legal accountability.

● Protect the rights and interests of persons with disabilities

In July, the State Council issued the 14th Five-Year Plan for the Protection and Development of Persons with Disabilities, stating that during the 14th Five-Year Plan period, it is necessary to adhere to Xi Jinping Thought on Socialism with Chinese Characteristics for a New Era as the guide, taking promoting the high-quality development of the cause of persons with disabilities as the me, consolidate and expand the results of poverty eradication for persons with disabilities, use promoting the comprehensive development and common prosperity of persons with disabilities as the main thread, protect the equal rights of persons with disabilities, promote the livelihood of persons with disabilities, enhance the ability of persons with disabilities to develop themselves, modernize the cause of persons with disabilities, and continuously meet the needs of persons with disabilities for a better life.

6. Protect human rights in judicial proceedings

In January, the Public Legal Services Administration of the Ministry of Justice issued the Measures for the Administration of the Coordination of Forensic Identification and Legal Aid Work (for Trial Implementation), making clear provisions on strengthening the coordination between forensic identification and legal aid work and reducing and waiving forensic identification fees for recipients in accordance with the law.

In May, the Supreme People's Court announced that starting from May 20, 2021, the state compensation standard for infringement of citizens' personal freedom is 373.10 yuan per day.

In June, the Supreme People's Procuratorate released the White Paper on Prosecution of Minors (2020), which showed that from 2016 to 2020, the number of minors accepted for review and prosecution by procuratorial organs for serious violent crimes such as intentional homicide, robbery and drug trafficking decreased by an average of 2.16% per year of the total number of crimes. In the same month, the Supreme People's Court issued the Rules for Online Litigation in the People's Courts, which for the first time built a system of online litigation rules, effectively filling the institutional gap in online litigation in China and actively responding to the new judicial needs of the people in the internet era, which is of great significance in protecting the legitimate litigation rights and interests of the parties, enhancing the convenience of the people in litigation, improving the quality and efficiency of trials, and promoting epoch-making changes in the judicial trial model.

In July, the Supreme People's Court and the Supreme People's Procuratorate jointly issued the Guidelines on Sentencing for Common Crimes (for Trial Implementation) to further regulate sentencing and sentencing recommendations, implement the criminal policy of balancing justice with mercy and the plea leniency system, enhance the openness of sentencing, and achieve sentencing justice. In the same month, the Supreme People's Court issued the Regulations of the Supreme People's Court on Issues concerning the Application of Law in the Trial of Civil Cases Involving the Use of Face Recognition Technology to Process Personal Information to focus on safeguarding the rights and interests of natural persons and protecting the safety of "face", marking the beginning of the era of strong regulation in face recognition.

In August, the NPC Standing Committee adopted the

Legal Aid Law of the People's Republic of China, which clarifies the complete concept of legal aid, strengthens the responsibility of the state and government for legal aid, rationally expands the scope of legal aid, pragmatically simplifies legal aid procedures, and elevates the status of the legal aid system in the legal system, marking the formal entry of China's legal aid work into the era of national law. In the same month, the NPC Standing Committee passed the Law of the People's Republic of China on the Protection of Personal Information, establishing provisions on public interest litigation and explicitly including the protection of personal information in the legal field of public interest litigation, which, together with the Cybersecurity Law of the People's Republic of China and the Data Security Law of the People's Republic of China, built a legal protection system for information security in the new era.

In November, the Supreme People's Procuratorate and the Ministry of Public Security jointly issued the Guidelines of the Supreme People's Procuratorate and the Ministry of Public Security on Improving the Mechanism of Investigation Oversight and Collaboration and Cooperation, which clearly stipulate that equal importance should be given to the punishment of crimes and the protection of human rights and that a criminal accusation system centered on evidence should be constructed in collaboration, and they put forward 14 specific tasks for the people's procuratorates and public security organs to improve their oversight and restriction mechanisms and cooperation and information sharing mechanisms. In the same month, the Supreme People's Procuratorate issued the Detention Hearing Measures of the People's Procuratorates, which clarify that when the people's procuratorates examine cases of arrest, extension of investigative detention period and necessity of detentions, they may hear the views of all parties by organizing hearings.

7. Protect human rights in ethnic minority regions and the Hong Kong Special Administrative Region

- Protect human rights in the Xinjiang Uyghur Autonomous Region

In September, the Information Office of the State Council published a white paper on "Population Development in Xinjiang", pointing out that since the founding of the People's Republic of China in 1949, the population of Xinjiang, especially the minority population, has grown rapidly, the quality of the population has continuously improved, and the life expectancy per capita has increased significantly. Compared with the sixth national census, Xinjiang ranks fourth in the country in terms of population growth rate and eighth in terms of population increase, and its ranking in terms of total population has risen from the 25th to the 21st in the past 10 years. Xinjiang has seen comprehensive economic and social development, sustained social stability, people of all ethnic groups living and working in peace and happiness, and balanced and healthy population development.

- Protect human rights in the Tibet Autonomous Region

In May, the Information Office of the State Council published a white paper on "Peaceful Liberation and Prosperous Development of Tibet", stating that the per capita disposable income of urban and rural residents in Tibet doubled by 2020 compared to 2010, social and economic development continued at a rapid pace, people's living standards improved significantly, basic public services made comprehensive progress, and poverty eradication achieved a comprehensive victory.

- Protect human rights in the Hong Kong Special Administrative Region

In December, the Information Office of the State Council published a white paper entitled "Hong Kong's Democratic Development under 'One Country, Two Systems'" which provides a comprehensive review of the emergence and development of democracy in the Hong Kong Special Administrative Region and further clarifies the central government's principled position on the democratic development of the Hong Kong Special Administrative Region. The White Paper points out that the development and improvement of democracy in the Hong Kong Special Administrative Region is of great significance in safeguarding the democratic rights of Hong Kong residents, achieving good governance, and ensuring the long-term prosperity, stability and long-term peace and stability of Hong Kong. One Country, Two Systems provides the fundamental guarantee for the democratic development of the Hong Kong Special Administrative Region. To ensure that the practice of One Country, Two Systems is stable and far-reaching, and to continue to promote the democratic development of Hong Kong, it is necessary to resolutely implement the principle of "patriots governing Hong Kong". It is imperative to explore the path of democratic development with Hong Kong's characteristics in accordance with the One Country, Two Systems principle and the Basic Law, and in the light of Hong Kong's political, economic, social, cultural and historical conditions.

8. International human rights cooperation

In January, the Information Office of the State Council issued a white paper entitled "China's International Development Cooperation in the New Era", which outlines China's international development cooperation in a new era based on the concept of a community of human destiny leading the way to international cooperation, to helping pursue the Belt and Road Initiative and to promoting the implementation of the United Nations 2030 Agenda for Sustainable Development. In July, the 47th session of the UN Human Rights Council adopted the resolution on "Contribution of Development to the Enjoyment of All Human Rights" submitted by China, reaffirming the important contribution of development to the enjoyment of all human rights and calling on all countries to promote sustainable development for the better enjoyment of human rights and equal access to development opportunities. The resolution on the negative impact of the legacies of colonialism on the enjoyment of human rights submitted by China was adopted, pointing out that the legacies of colonialism in all its forms have a negative impact on human rights, and stressing the importance of eliminating any form of colonialism and addressing the legacies of colonialism.

Ⅵ. Protection of Intellectual Property Rights

In 2021, China solidly pushed forward the rule of law for intellectual property protection with positive progress.

1. Institution building

In September, the Central Committee of the CPC and the State Council issued the Outline to Boost China's Competitiveness in the Area of Intellectual Property (2021-2035), which aims to comprehensively boost China's competitiveness in the area of intellectual property, comprehensively improve the level of intellectual property creation, utilization, protection, management and services, and give full play to the important role of the intellectual property system in socialist modernization. In the same month, the Supreme People's Court issued the Guidelines on Strengthening Intellectual Property Judicial Work in the New Era and Providing Strong Judicial Services and Protection for Boosting China's Competitiveness in the Area of Intellectual Property, which comprehensively implemented the Outline to Boost China's Competitiveness in the Area of Intellectual Property and the decisions and plans of the Party Central Committee on strengthening intellectual property protection, and clarified the general requirements and specific measures for strengthening intellectual property judicial work in the new era. In October, the State Council issued the 14th Five-Year Plan for the Protection and Utilization of Intellectual Property, which clarified the guiding thought, basic principles, main objectives, key tasks and implementation measures for intellectual property work during the 14th Five-Year Plan period, and provided a comprehensive plan for intellectual property work in the next five years. In December, the NPC Standing Committee revised the Law of the People's Republic of China on Scientific and Technological Progress to provide rule-of-law guarantee for the promotion of high-level scientific and technological self-reliance and self-improvement by improving measures to safeguard scientific and technological innovation, improving the national innovation system and removing obstacles to innovation; revising the Seed Law of the People's Republic of China to expand the scope of protection of new plant variety rights and the links of protection, establish a system of substantial derivative varieties, and improve the system of compensation and administrative punishment for infringement.

2. Review registration

- Patents

In 2021, China granted 696,000 invention patents, up 31.3% year-on-year; 3.12 million utility model patents, up 31.2% year-on-year; and 786,000 design patents, up 7.3% year-on-year. By the end of 2021, the effective number of invention patents in China was 3.597 million, an increase of 17.6% year-on-year. Among them, the valid number of domestic (excluding Hong Kong, Macao and Taiwan) invention patents was 2.704 million; the valid number of utility model patents was 9.243 million, an increase of 33.0%; the valid number of design patents was 2.581 million, an increase of 18.0%. In 2021, China received 73,000 PCT international patent applications, an increase of 1.5% year-on-year. Among them, 68,300 were submitted by domestic applicants, an increase of 2.1% year-on-year.

- Trademarks

In 2021, China registered 7.739 million trademarks, an increase of 34.3% year-on-year. By the end of 2021, the number of valid trademark registrations reached 37.24

million, an increase of 23.4% year-on-year. A total of 5,928 applications for international registration of trademarks in Madrid were received from Chinese applicants throughout the year, ranking third in the Madrid Union. Foreign applicants designated 27,000 Madrid territorial extension applications in China (multiple categories for one trademark), and completed the substantive examination of 61,000 categories of Madrid territorial extension applications.

- Copyright

In 2021, the total number of copyright registrations in China was 6,264,400, an increase of 24.03% year-on-year. Among them, the total number of registered works was 3,983,900, up 20.13% year-on-year; the total number of registered computer software copyrights was 2,280,100, up 32.34% year-on-year.

- Geographical indications, special signs and official signs

In 2021, China identified 99 new geographical indications protected products, with a total of 2,490; 477 new approved registered geographical indications collective trademarks and certification trademarks, with a total of 6,562 approved registrations. Approved 17,111 market entities using geographical indications, and canceled 464 market entities using geographical indications. The registration of 26 special marks such as "The 100th anniversary of the founding of the Communist Party of China" was approved. The People's Bank of China registered one official mark "Deposit Insurance Mark" for the record. The protection of 37 Olympic symbols, including the Olympic Rings Logo was announced.

3. Judicial protection

- Continuously improve the quality and efficiency of trials of intellectual property cases

In 2021, the number of intellectual property cases received and concluded by the People's Courts reached a record high, both exceeding 600, 000. A total of 642, 968 new intellectual property cases of first instance, second instance and applications for retrial were received in 2021, and 601, 544 cases (including the old ones) were concluded, up 22. 33% and 14. 71% respectively compared with 2020. The Supreme People's Court received 4, 243 new civil intellectual property cases and concluded 3, 557 cases, up 22. 28% and 9. 11% respectively over 2020; 2, 852 new administrative intellectual property cases were received and 2, 487 cases were concluded, up 49. 4% and 43. 34% respectively over 2020. Local people's courts at all levels received 550, 263 new civil cases of intellectual property rights in the first instance and concluded 515, 861 cases, up by 24. 12% and 16. 52% respectively over 2020; they received 20, 563 new administrative cases of intellectual property rights in the first instance and concluded 19, 342 cases, up by 11. 37% and 7. 8% respectively over 2020; and they received 6, 276 new criminal cases of intellectual property rights infringement in the first instance, and concluded 6, 046 such cases, up 13. 2% and 9. 53% respectively compared with 2020.

The Intellectual Property Court of the Supreme People's Court successfully completed the three-year pilot project, accepting a total of 9, 368 technical intellectual property cases involving patents, new plant varieties, integrated circuit layout designs, technical secrets and computer software, concluding 7, 625 cases. The court formulated a comprehensive judicial interpretation to strengthen the protection of new plant varieties and effectively assisted the vitalization of the seed industry; it conducted special research on the protection of chip technology and Chinese medicine and put forward targeted countermeasures. It explored adjudication methods such as "prior judgment + temporary injunction" and "remand + temporary injunction" to stop infringement in a timely and effective manner and prevent right holders from "winning the lawsuit and losing the market". In accordance with the law, it increased the compensation for damages, and awarded 159 million yuan in the case of infringement of vanillin technology secrets. In the case of the Driving School Joint Venture monopoly agreement, all the joint venture agreements and self-regulatory conventions were declared invalid; in the case of the Saxagliptin Tablets, the anti-monopoly preliminary review of the reverse payment agreement was made in the appeal of the patent infringement application, which actively guided the fair competition in the market. Efforts were made to strengthen the judicial protection of technical secrets, and fully utilize the shifting of burden of proof and punitive damages in the cases involving preferential sawing, guanidine acetic acid, harmless treatment of petrochemical waste gas and other technical secret infringement cases. Punitive damages and other means to resolutely curb infringement.

- Increase the efforts to combat criminal crimes against intellectual property rights

The Ministry of Public Security launched the Kunlun 2021 special operation to crack down on IPR infringement crimes in accordance with the law. A total of 21, 000 cases of

IPR infringement and the manufacture and sale of counterfeit and shoddy goods were resolved by public security organs nationwide in 2021, and 38,000 suspects were arrested. Public security organs insisted on equal protection for all kinds of market subjects in accordance with the law, and resolved a number of major cases of IPR infringement to guarantee an excellent business environment with strict rule of law.

- Strictly approve arrests for intellectual property crimes in accordance with the law

In 2021, procuratorates nationwide accepted 6,924 cases of intellectual property infringement and arrested 1,348 people, and approved 4,590 cases and the arrest of 7,835 people, representing a year-on-year increase of 16.8% and 9.2% respectively; and accepted a total of 9,611 cases and 2,2011 people for prosecution of intellectual property infringement. A total of 9,611 cases and 2,2011 persons were accepted for examination and prosecution, and 6,565 cases and 14,020 persons were prosecuted, representing a year-on-year increase of 12.3% and 15.4% in the number of cases and persons prosecuted. Among them, 1,874 cases were handled and 3,340 persons were arrested for counterfeiting registered trademarks, and 6,024 persons in 2,729 cases were prosecuted; 2,941 persons in 1,837 cases were arrested for selling counterfeit registered trademarks, and 5, 084 persons in 2, 541 cases were prosecuted; 513 persons in 312 cases were arrested for illegally manufacturing and selling illegally manufactured registered trademarks, and 1, 083 persons in 479 cases were prosecuted; 1 person in 1 case was arrested for counterfeiting patents; and 1 person in 1 case was arrested for infringing intellectual property rights; 367 people in 186 cases of copyright infringement were arrested, and 679 people in 297 cases were prosecuted; 28 people in 17 cases of selling infringing copies were arrested, and 34 people in 15 cases were prosecuted; 80 people in 55 cases of infringing trade secrets were arrested, and 121 people in 57 cases were prosecuted; 565 people were arrested in 308 cases of infringing intellectual property crimes, and 994 people in 446 cases were prosecuted. From the prosecution data, cases of infringement of trademark rights accounted for 87. 6% of the total, cases of copyright infringement accounted for 4. 8% of the total, and cases of trade secret infringement accounted for 0. 9% of the total.

- Strengthen the oversight over intellectual property litigation

The procuratorial organs deepened the performance of the criminal, civil and administrative procuratorial functions of intellectual property rights, and promptly correct the problems of failure to transfer cases, failure to establish cases, improper filing of cases, substitution of penalties for punishment, and unfair adjudication in the field of intellectual property infringement crimes. In 2021, 306 persons in 280 cases were referred to the administrative law enforcement agencies for suspected IPR infringement crimes upon the recommendation of the procuratorial organs; 299 cases involving 414 persons were filed by the public security organs under the oversight over the procuratorial organs, and 231 cases involving 414 persons were withdrawn under oversight; 544 cases of oversight over civil administrative litigation of intellectual property rights were handled, 4.1 times more than in 2020.

4. Administrative protection

- Construct a large protection work pattern

To strengthen the collaboration between judicial trials and administrative law enforcement, the Supreme People's Court regularly conducted business exchanges with the Ministry of Agriculture and Rural Affairs, the China National Intellectual Property Administration, the National Anti-Monopoly Administration and other authorities, established a mechanism for sharing information resources, and improved the mechanism for coordination between administrative protection of intellectual property and judicial protection, anti-monopoly administrative law enforcement and justice. The Supreme People's Court and the Ministry of Agriculture and Rural Affairs signed a memorandum of cooperation and jointly held a symposium on the protection of intellectual property rights in the seed industry, and established an expert consultation mechanism for the judicial protection of intellectual property rights in the seed industry.

- Strengthen the protection of patents through administrative law enforcement

Efforts were made to organize special enforcement and protection actions, and severely investigate and deal with patent infringement and counterfeiting violations. A total of 4, 800 cases of patent counterfeiting were investigated and handled throughout the year. Intellectual property management departments nationwide handled more than 49, 800 administrative adjudication cases of patent infringement disputes, an increase of 18. 6% year-on-year.

- Strengthen trademark administrative enforcement protection

A total of 39, 500 trademark infringement cases were investigated and handled, representing a year-on-year increase of 26. 2% , and the value of the cases was 983 million yuan, representing a year-on-year increase of 24. 4% , and the fines and forfeitures amounted to 686 million yuan, representing a year-on-year decrease of 2% . Among them, 35, 700 cases of trademark infringement and counterfeiting were investigated and handled, representing a year-on-year increase of 20. 6% . A total of 1, 011 cases of suspected trademark infringement crimes were transferred to judicial organs in accordance with the law.

● Strengthen administrative enforcement of copyright protection

The copyright authorities launched the SwordNet 2021 special action and the centralized action to combat piracy and dissemination of theatrical movies, cracked down on infringement and piracy in short videos, live webcasts, sports events, online education and theatrical movies, and continued to consolidate the results of special treatment in news works, online music, online literature and e-commerce platforms. Copyright enforcement authorities at all levels made 361, 700 inspections related to the physical market, investigated and handled 3, 095 cases of various types of infringement and piracy, shut down 1, 066 infringing and pirated websites (APPs), disposed of and deleted 1, 197, 000 infringing and pirated links, and had online video, online live broadcast, e-commerce and other related online service providers cleaned up 8, 467, 500 infringing links of all kinds.

- Strengthen the protection of administrative enforcement against unfair competition

The State Administration for Market Regulation issued the Circular of the State Administration for Market Regulation on Strengthening Anti-Unfair Competition Law Enforcement to Promote High-Quality Development, and deployed nationwide special anti-unfair competition law enforcement actions in key areas, highlighting key industries, key regions, key time periods and key people, focusing on key areas such as the internet, digital economy and medicine, cracking down on counterfeiting, confusion, trade secret infringement and other unfair competition actions, and maintaining fair competition market order in accordance with the law. The relevant authorities built 5, 455 trade secret protection bases, investigated and dealt with 8, 563 cases of various unfair competition actions throughout the year and had fines and forfeitures of 573 million yuan.

- Strengthen the protection of administrative enforcement of new plant varieties

The relevant authorities organizes resources to carry out

special rectification actions to protect intellectual property rights in the seed industry. In 2021, a total of 667, 800 law enforcement officers were deployed nationwide, 83, 700 samples were taken, 7, 101 cases were filed, and 6, 331 cases were completed; 93 cases were transferred to judicial organs; 5, 640 cases of information on punishment results were made public; 5, 436, 900 kilograms of seeds were involved; the worth of the cases involved was 56. 28 million yuan. The relevant authorities carried out special action against infringement of new plant variety rights, a total of 219 cases of counterfeit, unlicensed, over-range operation, failure to file cases as required, no files and other types of seedling violations were investigated and handled nationwide, an increase of 83. 3% year-on-year; the amount of fines and forfeitures was 850, 000 yuan, an increase of 10. 81% year-on-year; 9 cases were transferred to judicial organs; and 2 cases of infringement of new forestry plant variety rights were investigated and handled. A high-pressure atmosphere for combating infringement of new plant variety rights was formed.

5. International cooperation

- Actively participate in multilateral and bilateral consultations and sign more international treaties and agreements

The relevant authorities deeply participated in global intellectual property governance under the framework of the World Intellectual Property Organization. They formally ratified the Marrakesh Treaty to Facilitate Access to Published Works for Persons Who Are Blind, Visually Impaired, or Otherwise Print Disabled. They approved the Regional Comprehensive Economic Partnership Agreement, which entered into force on January 1, 2022. They actively promotes accession to the Hague Agreement concerning the International Registration of Industrial Designs. They promoted bilateral IPR exchanges and cooperation with Europe, the United States and other countries and territories. The results of cooperation with Bulgaria and Hungary were included in the list of outcomes of the China-CEE Summit, and the Memorandum of Understanding on Bilateral Cooperation with the Danish Patent and Trademark Office was included in the results of the strategic-level dialogue between the two countries. They promoted the strategic partnership with the European Union Intellectual Property Office, sign the upgraded cooperation memorandum of understanding, realize the first foreign exchange of Chinese trademark data, and improved the efficiency of trademark information use between China and Europe. They promoted the implementation of the Phase One agreement between China and the US, the Agreement between China and the European Union on Cooperation on, and Protection of, Geographical Indications, the Sino-French Protocol on Cooperation in Geographical Indications, and the 3 + 3 pilot project on geographical indication products in China and Thailand, and renewed the patent examination highway project with Germany, Canada, Portugal, Austria, Singapore, and the Eurasian Patent Office and other countries and territories.

- Actively participate in international conferences and forums and contribute more Chinese approaches to the world

The relevant Chinese authorities continuously consolidated the exchange and cooperation with the World Intellectual Property Organization, the World Trade Organization and other international organizations in intellectual property, and participate in the series of meetings of the 62nd General Assembly of the Member States of the World Intellectual Property Organization, and relevant meetings of the World Intellectual Property Organization Committee on Development and Intellectual Property, its Program and Budget Committee, the Patent Cooperation Treaty and the Madrid Agreement concerning the International Registration of Marks. They played a role in the successful publication of the Cooperation for Protection of Genetic Resources, Traditional Knowledge and. Traditional Cultural Expressions under the BRICS IPR Cooperation of the BRICS Economic and Trade Ministers Meeting.

- Strengthen judicial exchanges and cooperation

The relevant Chinese authorities participated in the legal and judicial exchange activities between China and France, the Intellectual Property Judges Forum of the World Intellectual Property Organization, and the annual trademark conference of the International Trademark Association. They hosted the Forum on Chinese and European Intellectual Property Litigation Systems. They communicated with the UK Intellectual Property Enterprise Court online. They organized the Forum on International Cooperation in Combating Infringement and Counterfeiting, exchanged experiences with representatives of foreign embassies, famous Chinese and foreign enterprises and international organizations, and promoted the improvement of intellectual property protection and governance. They participated in the preparation of the

WIPO International Patent Case Management Judicial Guide (chapter on China), and four cases of the Supreme People's Court Intellectual Property Court were included in South Centre and UNCTAD Case Law Database on Intellectual Property and Public Health, actively telling the story of China's judicial protection of intellectual property and making the voice of China heard.

- Carry out joint law enforcement operations

The relevant Chinese authorities strengthened communication and coordination with law enforcement departments of other countries and actively built a new type of mutually beneficial law enforcement cooperation relationship. They conducted multi-level law enforcement cooperation with law enforcement departments of relevant countries on 32 key transnational (cross-border) cases, such as lead verification, evidence exchange and judicial assistance, and participated in Interpol's special operations related to combating intellectual property crimes, achieving positive results.

Ⅶ. Building the Rule of Law in Ecological Civilization

In 2021, China thoroughly implemented Xi Jinping's thinking on ecological civilization, and pushed forward various tasks to achieve a good start of the 14th Five-Year Plan for building the rule of law of ecological civilization.

1. Ecological civilization legislation

- Issue a number of guiding documents

In March, the Fourth Session of the 13th NPC voted to adopt the Resolution on the 4th Five-Year Plan for Economic and Social Development and Long-Range Objectives through the Year 2035, which makes a special deployment of the environmental planning during the 14th Five-Year Plan period and clearly proposes to promote green development, promote the harmony humans and nature, enhance the quality and stability of the ecosystem, continue to improve environmental quality, and accelerate the green transformation of development. In September, the State Council Information Office released the National Human Rights Action Plan of China (2021-2025), which places environmental rights alongside economic, social and cultural rights, civil rights and political rights and makes special regulations therefor. Also in September, the CPC Central Committee and the State Council issued the Working Guidance for Carbon Dioxide Peaking and Carbon Neutrality in Full and Faithful Implementation of the New Development Philosophy. In October, the State Council issued the Action Plan for Carbon Dioxide Peaking by 2030. These two documents together constitute a top-level design throughout the two phases of carbon dioxide peaking and carbon neutrality. Also in October, the Information Office of the State Council released a white paper entitled "China's Policies and Actions to Address Climate Change" to fully demonstrate China's progress and effectiveness in addressing climate change and its outstanding contributions to global climate governance, and to systematically reflect China's ideas, wisdom and approaches to address climate change. In November, the Sixth Plenary Session of the 19th CPC Central Committee adopted the Resolution on Historical Issues and Resolution on Historical Issues of the Party since the Founding of the People's Republic of China, emphasizing the need to establish a system of nature reserves with national parks as the main body, continue to carry out large-scale greening of the country, strengthen ecological protection and systematic management of large rivers, important lakes and wetlands and coastal zones, increase efforts to protect and restore ecosystems, and enhance biodiversity conservation.

- Enact, revise and repeal a number of laws, regulations and rules in the field of environmental resources

Laws. In January, the Law of the People's Republic of China on Animal Epidemic Prevention was revised and passed, improving the definition of "animal" and "animal epidemic prevention", further refining and clarifying the obligations of animal epidemic prevention to be undertaken by practitioners, and for the first time, proposing institutional provisions for animal disease notification, delineation of animal safety quarantine zones, high- and low-risk zones and adoption of corresponding restrictive transfer measures to further improve intra- and inter-regional communication and management of epidemic situations. In April, the Grassland Law of the People's Republic of China was amended and passed, requiring that business tourism activities on grasslands should comply with the relevant grassland protection, construction and utilization plans, in order to solve the review problems after the administrative approval was abolished. In the same month, the Rural Vitalization Law of the People's Republic of China was passed, making "eco-friendly environment" one of the general requirements for rural vitalization and making special provisions for it in Chapter V on "Ecological Conservation". In December, the Seed Law of the People's Republic of China was revised to, firstly, encourage innovation and promote the reform of the seed industry; secondly, simplify and decentralize the government and give full play to the role of market decisions; thirdly, protect the interests of farmers, strengthen the main responsibility, expand the scope of compensation, and increase penalties. In the same month, the Law of the People's Republic of China on Prevention and Control of Noise Pollution was passed, emphasizing the classification and prevention of noise pollution, protection of public health, and protection and improvement of the living environment. Also in the same month, the Law of the People's Republic of China on the Protection of Wetlands was adopted, redefining the concept of wetlands and establishing important systems such as ecological protection compensation, classification and grading management, protection planning, and wetland use control.

Administrative regulations and departmental rules. In January, the State Council promulgated the Regulations on Emission Permit Management, which clarify the scope and management categories of emission permit management, stipulate the application and approval of emission permits, emission management and oversight and inspection, stipulate that emission units should discharge with and according to the permit, and strengthen the inspection and punishment of illegal acts. In the same month, the Ministry of Agriculture and Rural Affairs promulgated the Measures for the Management of the Transfer of Rural Land Management Rights, which specify the review and examination of land management rights acquired by industrial and commercial enterprises and other social capital through transfer, and strengthen the content of arable land protection and promotion of food production. Also in the same month, the Ministry of Ecology and Environment, together with the Ministry of Agriculture and Rural Affairs, the Ministry of Natural Resources and the National Forestry and Grassland Administration, issued the Interim Measures for Determining the Person Responsible for Soil Contamination on Agricultural Land, and the Ministry of Ecology and Environment and the Ministry of Natural Resources issued the Interim Measures for

Determining the Person Responsible for Soil Contamination on Land for Construction Purposes, both of which make clear provisions for situations where the person responsible for soil contamination is unclear or disputed. In October, the State Council announced the Regulations on Groundwater Management, which strengthen the protection of groundwater in terms of investigation and planning, conservation and protection, over-exploitation management, pollution prevention and control, oversight and management, etc. In November, the Ministry of Ecology and Environment, the Ministry of Public Security and the Ministry of Transport issued the Measures for the Management of Hazardous Waste Transfer to strengthen oversight and management of hazardous waste transfer.

Local regulations and local government rules. In May, the 24th Meeting of the Standing Committee of the 13th Hunan Provincial People's Congress adopted the Regulations on the Protection of Dongting Lake in Hunan Province. In June, the 2nd Meeting of the Standing Committee of the 7th Shenzhen Municipal People's Congress adopted the Regulations on Ecological and Environmental Protection of the Shenzhen Special Economic Zone, which provides for carbon dioxide peaking and carbon neutrality and carbon emission trading. In July, the 30th Meeting of the Standing Committee of the 13th Zhejiang Provincial People's Congress approved the Regulations on the Hangzhou Chun'an Special Ecological Function Zone, which are the first set of regulations on the protection of a special ecological zone in the country, setting rules for high-standard protection and high-quality development. In September, the 29th Meeting of the Standing Committee of the 17th Tianjin Municipal People's Congress adopted the Regulations on the Promotion of Carbon Dioxide Neutrality in Tianjin, which are the first provincial-level local legislation to promote the goal of carbon neutrality and carbon dioxide peaking. In November, the 27th Meeting of the Standing Committee of the 13th Hebei Provincial People's Congress deliberated and adopted the Regulations on the Prevention and Control of Soil Pollution in Hebei Province, providing strong legal support for the fight against land pollution in the region. In December, the 29th Meeting of the Standing Committee of the 13th Heilongjiang Provincial People's Congress adopted the Regulations on the Protection and Utilization of Chernozem Soil in Heilongjiang Province, which is another local legislation for the protection of chernozem soil after the Regulations on the Protection of Chernozem Soil in Jilin Province.

• Develop a number of technicians standards and normative documents

In February, the State Forestry and Grassland Administration and the Ministry of Agriculture and Rural Affairs announced the List of Wild Animals under State Priority Conservation, which includes 980 species and 8 categories of wildlife: 234 species and 1 category of wildlife protected at the national level, and 746 species and 7 categories of wildlife protected at the national level. In March, the Ministry of Natural Resources released two recommended industry standard, namely, the General Rules for Grading Natural Resources (TD/T 1060-2021) and the General Rules for Natural Resources Price Evaluation (TD/T 1061-2021), laying the foundation for scientific evaluation and management of natural resources, comprehensively grasping the quality distribution of natural resources in China, and promoting the protection and rational development and utilization of natural resources. In August, the Ministry of Ecology and Environment issued 11 technical specifications, including the National Technical Specifications for the Investigation and Assessment of Ecological Conditions: Interpretation and Field Verification of Ecosystems Using Remote Sensing to guide and regulate the investigation and assessment of ecological conditions. In September, the Ministry of Ecology and Environment, the National In October, the Ministry of Ecology and Environment, the Ministry of Commerce and the General Administration of Customs issued the jointly revised the List of Ozone Depleting Substances Subject to Import and Export Control.

2. Ecological civilization law enforcement

- Comprehensively promote the top-level design of ecological and environmental regulation

In November, the CPC Central Committee and the State Council issued the Guidelines of the CPC Central Committee and the State Council on Deepening the Battle of Pollution Prevention and Control and the State Council planned the preparation of the 14th Five-Year Plan for Eco-environmental Protection. The Ministry of Ecology and Environment worked out plans and reform plans for ecological and environmental protection during the 14th Five-Year Plan period, forming a top-level design framework and a comprehensive roadmap and construction drawing to ensure that decisions and plans made by the CPC Central Committee and the State Council are implemented in detail.

• Comprehensively carry out central supervision of eco-environmental protection

Supervision was conducted of 17 provinces and autonomous regions and 2 central enterprises, and about 65, 600 reports, presented by the public through telephone calls or letters were received and referred to for handling, of which 62, 500 were basically completed or completed in stages, 91 leading cases were exposed, effectively playing a warning and deterrent effect, and political responsibility for ecological civilization and ecological environmental protection was further ascertained. No effort was spared to produce the Yangtze River Economic Belt and Yellow River basin ecological environment warning film, focusing on the rectification of problems and promoting high-quality development.

• Promote all-around green transformation in economic and social development

In April, the General Office of the Ministry of Ecology and Environment issued the Guidelines on Strengthening the Positive List Management of Ecological and Environmental Oversight Enforcement and Promoting Differentiated Law Enforcement Regulation. By the end of 2021, there were more than 45, 000 positive list enterprises nationwide. Since

July 2021, ecological and environmental departments at all levels had carried out more than 193,000 off-site inspections. In November, the Ministry of Ecology and Environment issued the Guidelines of the Ministry of Ecology and Environment on Ecological Environment Zoning Control for the Red Line for Ecological Protection, the Red Line For Environmental Quality, the Limit for Resource Utilization and the Ecological Access List (for Trial Implementation). The results arising from enforcing the red line for ecological protection, the red line for environmental quality, the limit for resource utilization were commercialized more quickly and improved the spatial development pattern of the country.

- Strengthen ecological conservation and development

In March, the General Office of the State Council issued the Guidelines of the General Office of the State Council on Strengthening Grassland Protection and Restoration, specifying that by 2025, the grassland protection and restoration system will be basically established. In May, the National Energy Administration issued the Circular of the National Energy Administration on Matters Relating to the Development of Wind Power and Photovoltaic Power Generation in 2021 to promote wind power and photovoltaic power generation projects. In August, the State Forestry and

Grassland Administration and the National Development and Reform Commission jointly issued the 14th Five-Year Plan for Forestry and Grassland Protection and Development, which clearly defined the general idea of China's target requirements and key tasks for forestry and grassland protection and development during the 14th Five-Year Plan period. In the same month, the State Forestry and Grassland Administration issued the Measures for the Administration of Rural Forest and Grassland Rangers to solidify the grassroots foundation for the full implementation of the forest chief system and ecological civilization. In October, the General offices of the CPC Central Committee and the State Council issued the Guidelines on Strengthening Biodiversity Protection, setting out the overall goal of further strengthening biodiversity protection and defining various tasks for biodiversity protection in the new era. The Information Office of the State Council issued a white paper titled "Biodiversity Conservation in China", introducing China's policies, concepts, major measures and progress in biodiversity conservation, and demonstrating to the world the importance and responsibility China attaches to biodiversity conservation. In the same month, the General Office of the State Council issued Guidelines of the General Office of the State Council on Encouraging and Supporting the

Participation of Private Capital in Ecological Protection and Restoration to promote the participation of private capital in ecological conservation and speed up the integrated protection and restoration of mountains, waters, forests, farmlands, lakes, and grasslands, and deserts. In November, the Ministry of Ecology and Environment issued the Measures for the Administration of Legal Disclosure of Corporate Environmental Information to regulate the activities of legal disclosure of corporate environmental information, requiring relevant enterprises to disclose information on pollutants and carbon emissions. In the same month, the Ministry of Natural Resources, the Ministry of Agriculture and Rural Affairs and the State Forestry and Grassland Administration issued the Circular on Issues Relating to Strict Control of Arable Land Use to effectively implement the relevant provisions of the Land Management Law of the People's Republic of China and its implementing regulations, and to strictly control the use of arable land. Also in the same month, the State Forestry and Grassland Administration and the Ministry of Finance revised the Measures for the Management of Ecological Rangers for the Poverty-Stricken Population, and the State Forestry and Grassland Administration, the Ministry of Finance and the National Rural Vitalization Bureau issued the Measures for the

Management of Ecological Rangers, gradually adjusting and improving the ecological ranger policy. In December, ten departments including the Ministry of Water Resources, the Office of the Central Steering Committee for Cultural-Ethical Progress, the National Development and Reform Commission, the Ministry of Education, and the Ministry of Industry and Information Technology issued the Citizens' Code of Conduct for Water Conservation to enhance public awareness of water conservation, lead citizens to fulfill their responsibility to conserve water, and promote the formation of a water-conserving production and lifestyle.

- Fully implement the emission permit system

The Ministry of Ecology and Environment brought 3, 222, 500 stationary pollution sources under management, issued 352, 500 emission permits, and registered 2. 6835 million stationary pollution sources with small pollutant emissions. The Ministry of Ecology and Environment organized a "double 100 percents" inspection on the quality of emission permits and implementation reports, and completed the quality verification of 144, 200 emission permits and the audit of the standardization of the content of 59, 700 implementation reports.

• Strengthen inspection and punishment of environmental law enforcement

The Ministry of Ecology and Environment, together with the Supreme People's Procuratorate and the Ministry of Public Security, investigated 7, 025 cases and imposed a fine of 894 million yuan in a special campaign to crack down on environmental violations and crimes involving hazardous waste and falsification of automatic monitoring data by key polluting-discharge units, and transferred 1, 266 cases to public security organs

Efforts were made to promote the establishment of a remote monitoring system with automatic monitoring at the core, and carry out real-time monitoring of 1, 495 incinerators in 678 incineration plants nationwide, and consolidate the trend of stable emission compliance in the industry. Throughout the year, ecological and environmental departments at all levels issued 132, 800 penalty decisions and confiscated 11. 687 billion yuan. More than 7, 000 new cases of compensation for ecological and environmental damage were initiated nationwide.

• Proper ecological and environmental risk prevention and control and emergency disposal

Efforts were made to strengthen the environmental

oversight over hazardous wastes and tailing ponds, promote the three-year action of hazardous waste remediation, carry out hazardous waste environmental risk investigation for more than 60,000 enterprises nationwide, and find and rectify 25,000 problems. The relevant authorities basically completed the treatment of 1,641 tailings ponds in the Yangtze River Economic Zone. They properly disposed of the broken fuel rods in Unit 1 of Taishan Nuclear Power Plant. Throughout the year, they coordinated and guided the handling of 147 emergencies of various kinds, and supervised and handled 27 major and sensitive environmental emergencies.

3. Ecological civilization judicature

- Issue a number of judicial documents on the environment and resources

In February, the Supreme People's Court issued the Guidelines on the Implementation of the Yangtze River Protection Law of the People's Republic of China. In the same month, the Supreme People's Procuratorate issued the Circular on Promoting the Establishment of a Cooperation Mechanism for Cross-Administrative Public Interest Litigation under the Jurisdiction of Provincial Boundary Sections in the Yangtze River Basin. Procuratorial organs in the Yangtze

River Basin formed 21 cooperation mechanisms, covering all provincial boundary sections. Also in the same month, the Supreme People's Court and the Supreme People's Procuratorate jointly issued the Supplementary Provisions of the Supreme People's Court and the Supreme People's Procuratorate on the Implementation of the Criminal Law of the People's Republic of China (Ⅶ), which added three new crimes: "destroying nature reserves", "illegal introduction, release and disposal of invasive alien species", "illegal hunting, acquisition, transportation and sale of terrestrial wild animals" and simplified the relevant crimes to "crimes against precious and endangered wildlife" and "crimes against plants under key state protection". In November, the Supreme People's Court issued the Minutes of the Meeting to Promote the Implementation of the Yangtze River Protection Law and the Minutes of the Meeting to Promote the Work of Serving and Guaranteeing the Ecological Conservation and High-Quality Development of the Yellow River Basin to provide stronger judicial services and protection for the promoting eco-civilization and green development of the basins of the Yangtze River and the Yellow River. In the same month, the Supreme People's Procuratorate formulated the Guidelines on Giving Full Play to the Procuratorial Function to Serve and

Safeguard the Ecological Conservation and High-Quality Development of the Yellow River Basin, giving full play to the procuratorial function to serve and safeguard the implementation of the Plan for the Ecological Conservation and High-Quality Development of the Yellow River Basin, calling for jointly grasping great protection and promote great governance, and providing strong procuratorial protection for the ecological conservation and high-quality development of the Yellow River Basin. In December, the Supreme People's Court issued the Regulations of the Supreme People's Court on the Application of Injunctive Preservation Measures in Ecological and Environmental Infringement Cases, specifying that in order to prevent irreparable damage to the applicant's legitimate rights and interests or the ecological environment, injunctive preservation measures may be taken to provide relief.

- Handle a number of environmental resources cases

In 2021, people's courts at all levels nationwide accepted 297, 492 criminal, civil and administrative cases concerning the environmental resources in the first instance and concluded 265, 341 cases. National procuratorial organs prosecuted 49, 000 people for crimes against ecological and environmental resources, and handled 88, 000 cases of related public interest litigation.

- Strengthen the guidance by judicial policy

In February, the Supreme People's Procuratorate issued the Answers to Legal Policy Issues Related to the Handling of Illegal Fishing Cases in the Yangtze River Basin by the Procuratorates, and implemented the major decision of the Party Central Committee and the State Council on the 10-year ban on fishing in the Yangtze River, performed criminal prosecution, civil prosecution, administrative prosecution and public interest litigation in accordance with the law, and ensured the smooth implementation of the ban on fishing in the Yangtze River basin. In June, the Supreme People's Court held a press conference to release the China's Environmental Resources Trial (2020), the Report on China's Environmental Justice Development (2020), and the 2020 People's Courts' Typical Environmental Resources Cases. In October, the Supreme People's Court issued the Guidelines of the Supreme People's Court on Strengthening and Innovating Environmental Resources Judgment in the New Era to Provide Judicial Services and Protection for Modernizing the Harmony between Humans and Nature, which clarify the task requirements for judicial services to protect ecological civilization in the new development stage. In November, the Supreme People's

Procuratorate released leading cases of procuratorial organs punishing illegal fishing of aquatic products in the Yangtze River basin in accordance with the law. In December, the Supreme People's Court issued the 31st batch of guiding cases concerning biodiversity protection, including many fields such as ecological damage and resource protection, and involving various types of litigation such as civil public interest litigation and administrative litigation.

4. International environmental protection cooperation

In February, Han Zheng, a member of the Standing Committee of the Political Bureau of the CPC Central Committee and vice premier of the State Council, held a high-level dialogue on environment and climate with European Commission Executive Vice President Frans Timmermans via video. In the same month, UNEA-5 was held online with the me " Strengthening Actions for Nature to Achieve the Sustainable Development Goals", and the Ministry of Ecology and Environment led a delegation to attend and spoke at the meeting. In April, the launch of the China-CEEC Cooperation's Year of Green Development and Environmental Protection and the 2021 China-CEEC Children's Environmental Painting Online Exhibition was held in Beijing. In May, the 2021

ASEAN-China Year of Sustainable Development Cooperation was launched in Beijing with congratulatory letters on the Cooperation's Year from Premier Li Keqiang and Sultan Hassanal of Brunei, the rotating chair of ASEAN. In September, 2021 Annual General Meeting of the China Council for International Cooperation on Environment and Development opened in Beijing with the me "For Nature and Humanity: Building a Community of Life Together". The theme was "Building a Community of Life for People and Nature". In the same month, Han Zheng, member of the Standing Committee of the Political Bureau of the CPC Central Committee and vice premier of the State Council, held the second high-level Environment and Climate Dialogue between China and the EU with European Commission Executive Vice President Frans Timmermans by video and issued the Joint Press Communiqué of the Second China-EU High Level Dialogue on Environment and Climate. In November, the United Nations Environment Program database included the second batch of 10 Chinese environmental resources judicial cases and the 2018 and 2019 white papers on China's environmental resources trials, continuing to expand the depth and breadth of sharing and exchange between Chinese environmental justice and the rest of the world. In the same month, the 8th Ministerial Conference of the Forum on China-Africa Cooperation (FOCAC) was held in Dakar, Senegal, which issued the Declaration on China-Africa Cooperation on Climate Change. Nearly 20 events were held, including the International Roundtable on the Green Development Guidance for BRI Projects. Efforts were made to promote the construction of the Belt and Road Initiative International Green Development Coalition, improve the Belt and Road ecological and environmental protection data service platform, and continue to implement the Green Silk Road Messenger Program and the Belt and Road South-South Cooperation Program on climate change, build international consensus on green development, and help other developing countries improve their environmental governance. In December, the Supreme People's Procuratorate deepened its international cooperation with the European Environmental Protection Association and other organizations, and co-organized the International Seminar on Biodiversity Protection and Preventive Prosecutorial Public Interest Litigation, and the Chinese approach to public welfare protection was well received by the international environmental protection and judicial communities.

Ⅷ. Legal Research, Legal Education, and Legal Communication

In 2021, China's legal research, legal education and legal communication adhered to Xi Jinping Thought on Socialism with Chinese Characteristics for a New Era as a guide and, in light of the study and education of the Party's history, fully studied, researched and propagate Xi Jinping's thinking on the rule of law with remarkable results.

1. Legal research

- Fully and systematically promote the research and interpretation of Xi Jinping's thinking on the rule of law

In June, with the approval of the Party Central Committee, the Xi Jinping's Thinking on the Rule of Law Research Center was established in the China Law Society. This is one of the second batch of research institutions of Xi Jinping Thought on Socialism with Chinese Characteristics for a New Era set up in relevant ministries, commissions, people's groups and local governments, inspiring the vast number of legal practitioners to further study, research, propagate and implement Xi Jinping's thinking on the rule of law. Taking Xi Jinping's thinking on the rule of law as its guideline, the China Law Society organized the implementation of ministerial-level legal research topics in 2021, and set up major key topics such as "Xi Jinping's Thinking on the Rule of Law and China's Rule of Law Development Strategy", "Study and Implementation of Xi Jinping's Thinking on the Rule of Law and Research on the Heritage and Promotion of the Best of China's Traditional Legal Culture", leading legal practitioners to in-depth research, interpretation, promotion and implementation of Xi Jinping's thinking on the rule of law; set up the additional special commissioned topic "Xi Jinping's Thinking on the Rule of Law Research and Practice" to give a further play to the guiding and stimulating role in the study of Xi Jinping's thinking on the rule of law. It organized the Xi Jinping's Thinking on the Rule of Law Forum, the China Forum on the Rule of Law (2021) and the 15th China Law Youth Forum to deepen the research on the theoretical system, discipline system and teaching material system of Xi Jinping's thinking on the rule of law and promote the innovation and development of the socialist theory of the rule of law with Chinese characteristics; edited and published three special issues of *Xi Jinping's Thinking on the Rule of Law Research and Practice* and two special supplements of *Studying and Implementing Xi Jinping's Thinking on the Rule of Law*. The China Law Society published the latest achievements in the study and interpretation of Xi Jinping's thinking on the rule of law, created a good theoretical atmosphere for studying and implementing Xi Jinping's thinking on the rule of law, and helped the legal profession and the whole of society consciously use Xi Jinping's thinking on the rule of law to arm their minds, guide their practice and promote their work.

- Provide high-quality service to the overall work of the Party and the country

With the implementation of the 14th Five-Year Plan and the service of high-quality development its key topics for the year 2021, the China Law Society set up nearly 70 ministerial-level projects, including "research on the rule of law guarantee for building a new development pattern", "research on strengthening the rule of law guarantee for coordinated regional development", "research on legal issues of preventing security risks of key systems in key areas", "improving the foreign trade investigation mechanism and the industrial security relief system", and "research on the rule of law guarantee for the development of the Xiong' an New Area with high standards and quality", providing multifaceted legal support for the 14th Five-Year Plan to kick off to a good start from different dimensions. The China Law Society systematically studied the governance experience of the century-old Communist Party of China and set up a special project on "running the country by law and running the Party by rules" . In this project, the Society made an in-depth research, summary and refinement of the experience and laws of the Communist Party of China in governing the country by law and running itself by rules from the perspectives of "the practice and theory of the CPC leading the people in promoting the rule of law, ", "the laws of the CPC governing the country by law", "the achievements and experience of the CPC being strict with its members in accordance with the law and regulations", and "the innovation of the theory, system and practice of promoting the running of the Party by rules in the new development stage", thus providing theoretical support for the realization of the Second Centenary Goal. The Society organized law and legal scholars to conduct research closely around the Party Central Committee's major rule of law development plans and major legislative matters. In the year, it held 53 legislative expert consultation meetings, with the relevant results generally adopted by the legislature.

- Strengthen legal research in key areas, emerging areas and foreign-related areas

In 2021, with a focus on key and sensitive issue such as national security, scientific and technological innovation, artificial intelligence, the digital economy, personal information protection, foreign-related rule of law, codification of sectoral laws and other key hot issues, the China Law Society continued to organize research on modernization of national governance, artificial intelligence and algorithms, the right to personal information and data, strengthening network information security and personal information protection in accordance with the law, progress of genomics research and future trends, extraterritorial application of China's law, innovation and improvement of international economic and trade rules in the framework of the Belt and Road Initiative, and achieved a number of high-quality academic results to provide reference for the central authorities' decision-making.

- Continue to deepen research in various disciplines of law

Chinese jurisprudence focused its research on Xi Jinping's thinking on the rule of law, Party regulations and judicial theory. China's constitutional law focused on the research of Xi Jinping's major discussion on Constitution-based governance and Constitution-based exercise of state power, the implementation of the Constitution and the 14th Five-Year Plan, the constitutional response to the development of new technologies, and the constitutional review system with Chinese characteristics. Chinese administrative law conducted thorough research on major issues such as the basic theory of administrative law, codification of administrative law, emergency rule of law, administrative reconsideration, administrative punishment, digital rule of law government, and personal information protection. Chinese criminal law conducted in-depth research on sensitive issues such as the re-codification of criminal law, the crime of throwing objects from a height, the criminal law system of cybercrimes, and the intersection of criminal and civil law. Chinese civil law continued to conduct research on the application of the Civil Code and related judicial interpretations. Chinese commercial law thoroughly studied commercial legislation, commercial trials, and the key and difficult issues in commercial law teaching. Chinese economic law continued to deepen its research on theoretical innovation and institutional improvement of the digital economy and economic law. Chinese criminal procedure law put emphasis on the plea leniency system, corporate criminal compliance, and criminal justice policy of less arrest and cautious prosecution and detention. Chinese civil procedure law continued to conduct research on difficult issues such as the revision to the Civil Procedure Law, the construction of civil procedure law theory with Chinese characteristics, as well as the solution to sensitive and difficult issues in practice. Chinese intellectual property law focused on the research on the Civil Code, the basic theory of intellectual property, copyright law, patent law, trademark law, construction of intellectual property disciplines, and globalization of intellectual property. International law deepened research on the institutional construction of extraterritorial application of Chinese law, extraterritorial application of Chinese law in sectoral law, conflict of domestic law's extraterritorial application and the choice of path for international private law. The construction of emerging disciplines and interdisciplinary disciplines such as digital jurisprudence, intra-Party regulations, and social governance jurisprudence continued to advance.

2. Legal education

- Incorporate Xi Jinping's thinking on the rule of law into the curriculum and make it a way of thinking

In September, *Xi Jinping's Thinking on the Rule of Law*,

a key textbook of the national project to study and develop Marxist theory compiled under the leadership of the Central Publicity Department and the China Law Society, was published. The book consists of an introduction and three parts, with 20 chapters and nearly 270, 000 words, explaining the distinctive features, significance, rich connotation, core meaning, scientific method and practical requirements of Xi Jinping's thinking on the rule of law, comprehensively reflecting that Xi Jinping's thinking on the rule of law is a scientific theory with rich connotation, profound exposition, rigorous logic and a complete system; an important part of Xi Jinping Thought on Socialism with Chinese Characteristics for a New Era; and the fundamental guidance and action guide for comprehensive law-based governance. Insisting on being faithful to the original work, the original texts, and the original meaning of Xi Jinping's thinking on the role of law and holding on to its doctrinal interpretation, academic expression, and systematic construction, the book is a key textbook for university law students to systematically study and master Xi Jinping's thinking on the rule of law. In May, the Ministry of Education issued the Circular on Incorporating Xi Jinping's Thinking on the Rule of Law into the Teaching System of Rule of Law Theory in Colleges and Universities, guiding all colleges and universities to comprehensively promote the study and education of Xi Jinping's thinking on the rule of law. The National Standard for Teaching Quality of Law Majors was revised to clarify the core position of "Introduction to Xi Jinping's Thinking on the Rule of Law" in law majors; all law schools were required to revise their personnel training programs for law majors and offer "Xi Jinping's Thinking of the Rule of Law" to law undergraduates by the fall semester of 2021. In the same month, in order to improve the education and teaching level of law teachers, the Higher Education Department and Department of Social Sciences of the Ministry of Education instructed launched a lecture hall for law teachers and teachers of theoretical and political education nationwide on Xi Jinping's thinking on the rule of law. By the end of December, more than 20, 000 law teachers and about 100, 000 teachers of theoretical and political education from 1, 563 colleges and universities had attended the training. In October, the Training Center of the China Law Society held the Training Course for Grassroots Judicial Administration Organs to Learn Xi Jinping's Thinking on the Rule of Law in Beijing.

• Carry out multi-measures to promote the study of and education in Party history and celebrate the centenary of the Party

In 2021, law schools across the country, taking into account their own characteristics, adopted various forms to strengthen the study of the history of the Party, the history of the People's Republic of China, the history of reform and opening up, and the history of socialist development while consolidating the comprehensive quality of the legal profession to enhance the political integrity and Marxist awareness of students. They offered courses such as Classical Literature of Marxist Law, the Adaptation of Marxist Law to the Chinese Context, Study of the Legal Systems in Revolutionary Bases, Contemporary Construction of the Rule of Law in China, and Xi Jinping's Thinking on the Rule of Law. They held academic lectures and presentations on the themes of "Party-led legislation", "100 years of human rights development", "100 years of departmental law history", and "100 years of the CPC's rules-based self-governance". In March, the Lecture Forum of the Central Lecture Group for the Study of and Education in Party History for Colleges and Universities in Chongqing was held in Southwest University of Political Science and Law. In April, the Peking University School of

Law held a series of activities to promote the law, with the me of "Learning Party History to Remain True to the Party's Original Aspiration and Keep Its Founding Mission Firmly in Mind and Use the Rule of Law to Protect National Security", and launched the 2021 Peking University Law Culture Festival with the me of "Remaining True to the Party's Original Aspiration over the Past Century and Pursuing the Rule of Law Based on Party History Today". In May, Lei Jingtian, a full-length drama created by East China University of Political Science and Law, was successfully premiered, vividly recreating the history of the rule of law led by the Chinese Communists during the new-democratic revolution. In the same month, the Summit Forum on Party History to Celebrate the Centenary of the CPC was held at China University of Political Science and Law. In June, the Central South University of Economics and Law held the 2021 Law Youth Seminar for Universities in Central China in Wuhan, with the me of "A Century of Rule of Law under CPC Leadership". In the same month, the Symposium on Celebrating the Centenary of the CPC and the First Western Forum on Party Regulations was held in Chongqing. In November, the Forum on the Centennial of the CPC and Chinese Legal Education was held in Xiamen jointly by the Steering Committee for Teaching

Law in Universities of the Ministry of Education and the Law Education Research Association of the Law Society of China.

● Create new training mechanism for foreign-related rule of law talents

In February, the Ministry of Education and the Ministry of Justice deployed 15 universities, including Peking University, Tsinghua University, Renmin University of China and Fudan University, to implement the postgraduate training program for foreign-related lawyers, enrolling 589 foreign lawyers to accelerate the cultivation of foreign legal talents urgently needed by the country. In April, the 2021 "Training of High-end Talents in Foreign-Related Rule of Law" program of the China Law Society was officially launched, and 15 young and middle-aged foreign-related rule of law experts became the second batch of trainees. Guided by Xi Jinping's thinking on the rule of law, the program aimed to cultivate high-end talents who are politically competent, professionally proficient, proficient in foreign languages, experienced, and capable of participating in international legal affairs and directly providing countermeasures and suggestions for foreign-related legal struggles, stayed problem-oriented, practice-oriented and result-oriented, and provided intellectual support and talent guarantee for serving the Party and the country in foreign-related rule of law work. In June, the High-End Forum on Cultivation of Foreign-Related Rule of Law Talents of the Law Education Innovation Alliance was held at Tianjin University Law School, and the Tianjin Consensus on Cultivation of Foreign-Related Rule of Law Talents of the Law Education Innovation Alliance was reached. In December, in order to implement the instructions of the Party Central Committee and the State Council on strengthening the cultivation of foreign-related rule of law talents, the Ministry of Education issued the Guidelines on Accelerating the Cultivation of Foreign-Related Rule of Law Talents in Universities, putting forward 18 specific operatable initiatives for the key areas in the process of cultivating foreign-related rule of law talents and with a focus on political orientation, teaching resources construction, students' ability cultivation, international exchange and cooperation, and education platform construction.

- Carry out school-local authorities cooperation to help promote local rule of law

In August, China University of Political Science and Law and the Qinghai Provincial People's Government signed a strategic cooperation framework agreement in Xining to build the rule of law in Qinghai. In June and

September, East China University of Political Science and Law and China University of Political Science and Law successively signed a strategic cooperation framework agreement with the Higher People's Court of the Xinjiang Uygur Autonomous Region, and jointly inaugurated the Legal Research and Practice Base and High-Level Talent Training Base for the Courts, marking fresh progress in building a legal talent training mechanism with Xinjiang courts. In November, China University of Political Science and Law and Beijing's Tongzhou District People's Government signed the Strategic Cooperation Agreement between the Tongzhou District People's Government and China University of Political Science and Law to further strengthen rule of law exchanges and cooperation and promote innovative-driven development.

3. Rule of law publicity

● Ensure deeper and more practical progress in the study and publicity of Xi Jinping's thinking on the rule of law

The China Law Society edited and published *Introduction to Xi Jinping's Thinking on the Rule of Law*, as authoritative auxiliary reading materials for the thorough study and implementation Xi Jinping's thinking on the rule of law by officials and the general public. It organized surnames of provincial and ministerial officials and department and bureau-level officials on Xi Jinping's thinking on the rule of law and helped constantly achieve new results in the study and implementation of this thinking. The China Law Society carried out a series of activities to study and promote Xi Jinping's thinking on the rule of law, made the study and promotion of Xi Jinping's thinking on the rule of law the me and primary task of the Eighth Five-Year Plan for Increasing Public Awareness of the Law and the fundamental guide for formulating the national, regional and departmental Eighth Five-Year Plans for Increasing Public Awareness of the Law.

- Organize a series of publicity activities for National Constitutional Day on December 4

The General Office of the NPC Standing Committee, together with the Central Publicity Department and the Ministry of Justice, held a symposium in Beijing on the full implementation of the Constitution and the continuous development of people's democracy to further implement the Constitution and build a modern socialist state in all respects. The Central Publicity Department, the Ministry of Justice and the National Office for Increasing Public Awareness of the Law organized a series of publicity activities on the me of

“Firmly Following the Path of Socialist Rule of Law with Chinese Characteristics under the Guidance of Xi Jinping’s Thinking on the Rule of Law” for the Constitution Publicity Week. In light of the study of and education in Party history and relying on the Xibaipo Memorial Hall, the former site of the High Court of Shaanxi-Gansu-Ningxia Border Region, the May Fourth Constitution History Museum, the former site of the People’s Commissariat of Justice of the Chinese Soviet Republic and other national rule of law publicity and education bases, Hebei, Shaanxi, Zhejiang, Jiangxi and other places respectively organized the “All for the People: Carry on the Red Gene of the Rule of Law” and “Constitutional Publicity Week” special publicity activities. In accordance with the decision of the Party Central Committee on promoting the study and publicity of and education in the Constitution, seven thematic activities were carried out to ensure the Constitution is complied with in rural areas, on communities, on the campus, in Party and government bodies, in enterprises, in the military and on the internet. The Ministry of Education organized the activities “Morning Reading of the Constitution” and the Sixth “National Students Learn and Speak about the Constitution” Activities on National Constitution Day, and there were more than 8. 3 billion study sessions for students to learn the Constitution online. The Ministry of Justice, the National Office for Increasing Public Awareness of the Law and CCTV hosted a special program on National Constitution Day, "The Spirit of the Constitution and the Power of the Rule of Law: CCTV 2021 Annual Award Ceremony for People of the Rule of Law".

- Make solid progress in the study and promotion of the Civil Code

In February, CCTV's "Law Lecture" program broadcasted a literary and historical version of the Spring Festival series "The Civil Code in Chinese New Year". In May, the Ministry of Justice, together with eight authorities including the Central Publicity Department, the Cyberspace Administration of China, and the Legal Affairs Commission of the NPC Standing Committee, issued the "Good Life with the Civil Code Companion" thematic publicity program. In the same month, the Central Publicity Department, the Ministry of Justice and the National Office for Increasing Public Awareness of the Law held the 2021 Demonstration of National Culture, Science and Technology and Medical Services for Rural Areas and the Launch Ceremony for "Good Life with the Civil Code Companion" thematic publicity program in Chenzhou, Hunan Province to help the general public embrace and use the Civil Code.

• Start to fully implement the Eighth Five-Year Plan for Increasing Public Awareness of the Law

In June, the CPC Central Committee and the State Council transmitted the Eighth Five-Year Plan (2021-2025) of the Central Publicity Department and the Ministry of Justice on Publicity and Education on the Rule of Law, and the NPC Standing Committee adopted the Eighth Five-Year Plan on Publicity and Education on the Rule of Law, making an overall plan for increasing public awareness of the law in the next five years. In October, the Central Publicity Department and the Ministry of Justice jointly held the Ninth National Conference on Publicity and Education on the Rule of Law, which made comprehensive mobilization and deployment for the Eighth Five-Year Plan. On the basis of the national review and acceptance of the Seventh Five-Year Plan for Increasing Public Awareness of the Law, the Central Publicity Department, the Ministry of Justice and the National Office for Increasing Public Awareness of the Law jointly issued the Decision on Recognizing National Advanced Entities and Individuals for Increasing Public Awareness of the Law and Advanced Entities for Law-Based Governance for 2016-2020, which awarded 1, 444 national advanced entities and 1, 538 national advanced individuals for increasing public awareness of the law and 505 national advanced entities for law-based governance.

- Promote grassroots governance in accordance with the law

The campaign was thoroughly carried out to create national democratic and law-based demonstration villages and communities. The Ministry of Justice and the Ministry of Civil Affairs jointly issued the Decision on Naming the Eighth Batch of National Democratic and Law-Based Demonstration Villages and Communities, naming the eighth batch of national democratic and law-based demonstration villages and communities and produced the electronic map of these villages and communities. The Central Publicity Department, the Ministry of Justice, the Ministry of Civil Affairs, the Ministry of Agriculture and Rural Affairs, the National Rural Vitalization Administration and the National Office for Increasing Public Awareness of the Law jointly issued the Regulations on Increasing Rural Awareness of the Law (for Trial Implementation) to provide the talents well versed in law for the grassroots implementation of the rural vitalization strategy and the promotion of the rule of law in rural areas. To cultivate model households for learning and using the law in rural areas, the Ministry of Justice and the Ministry of Agriculture and Rural Affairs jointly issued the

Plan for Cultivating Model Households for Learning and Using the Law in Rural Areas to promote the implementation of the measures of comprehensive law-based governance in rural areas. The second batch of national law enforcement and governance innovation cases was selected, local authorities and grassroots entities were encouraged to focus on differentiated exploration, and the good experience and practices of all regions and departments in the work of increasing public awareness of the law since the implementation of the Seventh Five-Year Plan for Increasing Public Awareness of the Law were reviewed.

- Organize the Campaign for 100 Legal Experts to Give 100 Lectures (hereinafter referred to as the Double-Hundred Campaign)

The Double-Hundred Campaign was jointly sponsored by the Central Organization Department, the Central Publicity Department, the Central Judicial and Law Enforcement Commission, the Ministry of Education, the Ministry of Justice and the China Law Society to give lectures on the rule of law. In June, a meeting of the organizing committee of the Double-Hundred Campaign was held in Beijing. Wang Chen, member of the Political Bureau of the CPC Central Committee, vice chairman of the NPC Standing Committee and president of the China Law Society, attended the meeting and delivered a speech. In June, the organizing committee meeting of the Double Hundred Campaign was held in Beijing, and Wang Chen, member of the Political Bureau of the CPC Central Committee, vice chairman of the NPC Standing Committee and president of the China Law Society, attended the meeting and delivered a speech. With the me of "Fully Study and Propagate Xi Jinping's Thinking on the Rule of Law", the Double Hundred Campaign in 2021 gave an audience at more than 35.1 million nationwide more than 60,000 lectures on "promoting the guiding principles from the Constitution and ensuring its full implementation", "actively promoting the implementation of the Civil Code and better protecting the legitimate rights and interests of the people in accordance with the law" and "studying and implementing Party regulations and being a qualified Party member".

- Continue to carry out the "youth legal literacy volunteers for grassroots law and order culture" campaign

In 2021, nearly one million offline and online legal literacy activities were organized in the "youth legal literacy volunteers for grassroots law and order culture" campaign across the country, involving more than 2.09 million law promotion volunteers, distributing more than 113 million copies of law promotion materials and educating more than 217 million people in all provinces, cities and counties.

- Enrich the content and forms of increasing public awareness of the law

In March, the General Office of the Central Government and the General Office of the State Council issued the Guidelines on Strengthening Socialist Rule of Law Culture, taking improving socialist rule of law culture as an important support to promote comprehensive law-based governance. The Central Publicity Department, the Cyberspace Administration of China, the Ministry of Justice and the China Law Society organized the 17th National Event to Collect and Broadcast Rule of Law Animation and Micro-Video Works, and selected 142 award-winning works and uploaded them to the Chinese Legal Applications Network Platform for free download and use by the whole of society. In *Legal Daily*, a series of reports was launched on "A Century of Struggle and a New Journey: Rule of Law Footprints", and 22 national rule of law publicity and education bases with revolutionary rule of law elements were widely publicized. The Cyberspace Administration of China and the Ministry of Justice jointly held a national TV and telephone conference on the popularization of law on the internet to promote the popularization of law on the internet by concentrating superior resources in various regions. Events were held at zg_pufa, China's WeChat account for increasing public awareness of the law, to answer questions about national security and emergency management, with the total number of participants exceeding 491 million.

Ⅸ. Foreign-Related Rule of Law Work

In 2021, China promoted judicial assistance and international anti-corruption cooperation, actively participated in international legislative activities, continued to promote international and regional rule of law dialogues, and carried out in-depth foreign legal exchanges, achieving positive results.

1. Judicial assistance and international anti-corruption cooperation

- Mutual legal assistance contracting

In 2021, China ratified the extradition treaties with Chile and Morocco, the treaties on judicial assistance in criminal matters and on judicial assistance in civil and commercial matters with Iran, and the treaty on the transfer of sentenced persons with Belgium.

- Special efforts to track down fugitives

In February, the Sky Net 2021 campaign was launched. By the end of 2021, a total of 1,273 fugitives were recovered, including 318 targets under supervision and 22 Red Notice fugitives, and the amount of stolen goods worth 16. 74 billion yuan were recovered.

- Multilateral issues

In June, Zhao Leji, a member of the Standing Committee of the Political Bureau of the CPC Central Committee and secretary of the Central Commission for Discipline Inspection, attended the special session of the United Nations General Assembly on challenges and measures to prevent and combat corruption and strengthen international cooperation by video from Beijing and delivered a speech entitled "Upholding the Concept of a Human Community with a Shared Future and Building a Clean and Balanced World", which put forward four propositions on adhering to fairness and justice, punishing the evil and promoting the good, respecting differences, equality and mutual understanding, win-win cooperation, discussion and collaboration, keeping promises and prioritizing action. During the session, the United Nations Office on Drugs and Crime launched the Global Operational Network of Anti-Corruption Law. In December, the Chinese delegation attended the ninth session of the Conference of the States Parties to the United Nations Convention against Corruption in Egypt by video and gave an interview, emphasizing that China is willing to take the four proposals for international cooperation against corruption as its leadership and contribute Chinese approach and strength to global anti-corruption governance.

- Seminar work

In November, the Central Commission for Discipline Inspection and the National Supervisory Commission held an online anti-corruption workshop for African countries, which included presentations and experience sharing, to implement the guiding principles from President Xi Jinping's major speech at the Beijing Summit of the Forum on China-Africa Cooperation. A total of 109 officials from anti-corruption agencies of 11 countries participated online. In the same month, representatives of the Supreme People's Court participated in the Forum on International Cooperation in Anti-Corruption and Fugitive Recovery under the Rule of Law Model and the 5th International Seminar on Anti-Corruption and Fugitive Recovery held in Beijing, with the me of "International Cooperation in Anti-Corruption and Fugitive Recovery under the Rule of Law Model", to discuss "New Perspectives on International Cooperation in Anti-Corruption Fugitive Recovery under the Background of Scientific and Technological Changes", "Theory and Practice of Criminal

Absentee Judgment Procedures", "Improvement of Illegal Proceeds Confiscation Procedures", "International Cooperation in Corporate Anti-Corruption Compliance", "International Cooperation in Anti-Corruption Fugitive Recovery", "International Experience and Domestic Practice of Corporate Anti-Corruption Compliance" and "Process and Prospect of International Cooperation in Anti-Corruption Recovery" were discussed. More than 160 domestic and foreign experts and scholars from international organizations and institutions, including the United Nations Office on Drugs and Crime and the International Association of Penal Law, participated in the forum.

2. Participation in international legislative activities

- International environmental protection, climate change, and polar affairs

In April, President Xi Jinping announced at a video summit of Chinese, French and German leaders that China had decided to accept the Kigali Amendment to the Montreal Protocol to strengthen the control of non-CO_2 greenhouse gases such as HFCs. In the same month, President Xi Jinping attended the Leaders' Summit on Climate by video from Beijing and delivered a major speech entitled "For Humans and Nature: Building a Community of Life Together", emphasizing it need to adhere to the principles of harmony between human beings and nature, green development, systemic governance, people-centeredness, multilateralism and common but differentiated responsibilities, and jointly build a human community with a shared future. In May, Premier Li Keqiang attended the Second Summit of Partnering for Green Growth and the Global Goals 2030 (P4G) by video and delivered a speech, putting forward three proposals to jointly win the global war against epidemics, promote green and low-carbon transformation, and take care of the special difficulties of developing countries, and emphasizing that green determines the outcome of future development. The summit adopted the Seoul Declaration, the outcome document of the summit. In the same month, the World Conference on Environmental Justice, co-hosted by the Supreme People's Court of China and the United Nations Environment Program, opened in Kunming with a congratulatory message from President Xi Jinping and a speech by Zhou Qiang, president of the Supreme People's Court. The conference was themed "Playing the role of justice to promote ecological civilization: building a community of life on earth" and the participants discussed topics such as "the role of justice in global environmental governance", "the adjudication principles of environmental justice", "biodiversity judicial protection" and "climate change judicial response". The conference adopted the Kunming Declaration of the World Conference on Environmental Justice. In the same month, China approved the Agreement on the Prevention of Unregulated High Seas Fisheries in the Arctic Ocean and deposited the instrument of approval with Canada, the custodian of the Agreement, demonstrating that China, as an important stakeholder in Arctic affairs, attaches great importance to Arctic ecological and environmental protection and responsible fishing activities, which is another example of China's adherence to the basic principles of "respect, cooperation, win-win and sustainability". In June, the Chinese government formally accepted the Kigali Amendment to the Montreal Protocol on Substances That Deplete the Ozone Layer, opening a new chapter in the history of collaborative response to ozone layer depletion and climate change. In October, President Xi Jinping attended the Leaders' Summit of the 15th meeting of the Conference of the Parties to the Convention on Biological Diversity (CBD) in Kunming by video and delivered a keynote speech, emphasizing the importance of upholding the concept of ecological civilization, building a community of life on earth, and building a clean and beautiful world together. The conference adopted the Kunming Declaration and announced that China would be first to contribute to the establishment of the Kunming Biodiversity Fund to provide political impetus for global biodiversity. In November, President Xi Jinping delivered a written message to the COP 26 UN Climate Change Conference, proposing to uphold multilateral consensus, focus on practical actions, and accelerate green transformation.

- International maritime law

In June, the 31st Meeting of States Parties to the United Nations Convention on the Law of the Sea (UNCLOS) was held in New York to discuss the report of the secretary-general of the United Nations, the work of the International Tribunal for the Law of the Sea (ITLOS), the International Seabed Authority (ISA) and the Commission on the Limits of the Continental Shelf (CLCS), with over 120 States Parties, including China, participating. In December, the 26th session of the International Seabed Authority was held in Jamaica, which focused on the roadmap for the development of regulations, the by-election of members of the Finance Committee, and the implementation of the Authority's plan of action for the United Nations Decade of Marine Science for

Sustainable Development, among other important issues; Chinese representatives attended the meeting and spoke in the general debate under the topic of "Report of the Secretary-General". In the same month, the Chinese representatives spoke at the 76th session of the UN General Assembly under the topic of "Oceans and the Law of the Sea", emphasizing that the protection of the marine environment, the promotion of sustainable development of the oceans and the enhancement of the common welfare of mankind through the exploitation of the oceans are inseparable from the practice of genuine multilateralism and stating that China will strengthen mutually beneficial cooperation, improve global ocean governance and promote the building a maritime community with a shared future.

- International criminal law

In May, the Chinese delegation took part in the 30th session of the UN Commission on Crime Prevention and Criminal Justice and delivered a speech, comprehensively introducing the achievements and experiences in strengthening crime prevention and criminal justice work guided by Xi Jinping's thinking on the rule of law. The meeting focused on effective measures to prevent and counter the smuggling of migrants, while protecting the rights of smuggled migrants, particularly women and children, and those of unaccompanied migrant children. In the same month, the 75th session of the UN General Assembly adopted the Resolution Outlining Terms for Negotiating Cybercrime Treaty, setting the official launch of the negotiation of the Treaty in January 2022, marking the official opening of the negotiation of the first international treaty on cybercrime under the UN; China expressed its constructive participation in the negotiation of the Treaty and close cooperation with all parties to jointly promote the early conclusion of an authoritative and universal treaty. In July, the Chinese delegation participated in the sixth meeting of the BRICS Counter Terrorism Working Group by video, where the participating parties mainly exchanged views on the international and regional counter-terrorism situation, national counter-terrorism initiatives and BRICS counter-terrorism cooperation; before the meeting, China took the lead in organizing a meeting of the sub-group on de-extremism of the BRICS Counter Terrorism Working Group, which comprehensively elaborated China's policy ideas on de-extremism; China also attended the meetings of the sub-working groups on combating cyber-terrorism, counter-terrorist financing, counter-terrorism capacity building and combating foreign terrorist fighters chaired by India, South

Africa, Brazil and Russia respectively. The Chinese delegation also participated in the 12th session of the Working Group on International Cooperation under the UN Convention against Transnational Organized Crime, the 11th meeting of the Working Group on Trafficking in Persons, the 8th meeting of the Working Group on Smuggling of Migrants and other working groups under the framework of the Convention to elaborate China's position and advocate, share practices and experiences in combating related crimes, and promote international exchanges and cooperation.

- International space law

In June, the Legal Subcommittee of the UN Committee on the Peaceful Uses of Outer Space held its 60th session, and the Chinese delegation, together with relevant countries, promoted the establishment of working groups by the Subcommittee to discuss the formulation of international rules on the development and use of space resources. In August, the 64th session of the UN Committee on the Peaceful Uses of Outer Space was held, and the Chinese delegation continued to play a constructive role by actively participating in important negotiations on the long-term sustainability of outer space activities, the development and utilization of space resources and the UN Space 2030 agenda. The Chinese delegation also made statements on various topics, introducing China's progress in human spaceflight, satellite navigation and other fields, as well as its experience and practices in promoting international cooperation in the peaceful uses of outer space, and emphasizing its support for COPUOS to continue to play its role as the main platform for global governance and international cooperation in the peaceful uses of outer space, to conduct extensive exchanges and dialogues, and to enhance the role of space technology and applications in promoting sustainable development goals.

- Others

In October, the Hague Conference on Private International Law held the first working group meeting of the Jurisdiction Project, which specifically discussed the purpose, scope of application, exclusions, jurisdictional rules, and the relationship between more appropriate court rules and parallel proceedings. The Chinese delegation attended the meeting via video link. In November, the Chinese delegation participated in the 76th session of the UN General Assembly Committee on Disarmament and International Security, which voted to adopt the draft resolution proposed by China, " Promoting International Cooperation on Peaceful Uses in the Context of International Security". This is the first time in the past 30 years that China proposed and promoted the adoption of a resolution on international arms control and disarmament issues at the United Nations. In the same month, the Chinese delegation participated in the Ninth Session of the Conference of the Parties to the WHO Convention on Tobacco Control (FCTC) and the second session of the Meeting of the Parties (MOP2) to the Protocol to Eliminate Illicit Trade in Tobacco Products which decided to establish an *investment fund* for tobacco control. and adopted the Declaration on WHO FCTC and recovery from the COVID-19 pandemic. China put forward three propositions to improve tobacco control work: focus on priorities and improve quality and efficiency; take into account national conditions, pragmatically implement the convention, and strengthen the coordination and adopt a comprehensive approach.

3. Intergovernmental dialogue on rule of law

- Dialogue within the framework of the United Nations

In September, President Xi Jinping attended the general debate of the 76th session of the United Nations General Assembly by video and delivered a major speech entitled "Strengthen Confidence To Overcome Difficulties And Work Together To Build A Better World", in which he solemnly proposed global development initiatives and provided Chinese approaches for improving global governance, emphasizing that the United Nations should hold high the banner of true multilateralism, strive to stabilize the international order, take the lead in promoting the democratization and rule of law of international relations, balance and promote work in the three major areas of security, development and human rights, and implement the commitment of all parties to multilateralism. In October, the Chinese delegate spoke at the general debate of the Legal Committee of the 76th session of the UN General Assembly on several issues such as "The Rule of Law at the National and International Levels", stating that China will firmly support the work of the United Nations and the International Court of Justice and work together with other countries to maintain the international system with the United Nations at its core and the international order based on international law.

- Dialogue and cooperation within the framework of the Shanghai Cooperation Organization

In April, the Supreme People's Court held the second seminar for judges from SCO countries by video at the China-SCO International Judicial Exchange and Training Center, with the participation of 27 judges from Russia, Kazakhstan,

Tajikistan and Uzbekistan. In June, State Councilor and Minister of Public Security Zhao Kezhi attended the 16th meeting of the Secretaries of Security Conferences of the SCO member states by video and made a speech, putting forward five proposals on strengthening SCO security cooperation, namely: strengthening strategic communication and building security consensus; coordinating positions related to Afghanistan and promoting the reconciliation process; opposing unilateralism and resisting foreign interference; combating transnational crime and safeguarding common interests; and strengthening information protection and maintaining data security. In September, Zhou Qiang, president of the Supreme People's Court, participated by video in the 16th Meeting of the Presidents of the Supreme Courts of the SCO Member States hosted by the Supreme Court of the Kyrgyz Republic and delivered a speech. The delegates held in-depth consultations on further deepening international judicial exchanges and cooperation in light of new situations and issues in the judicial field, and the meeting adopted the Joint Declaration of the 16th Meeting of the Presidents of the Supreme Courts of the Shanghai Cooperation Organization Member States. In October, Zhang Jun, procurator-general of the Supreme People's Procuratorate, attended the 19th Meeting of the Procurators-

General of the SCO member states by video and delivered a keynote speech on the me of "combating trafficking in women andchildren", introducing the concrete measures and effectiveness of the Chinese procuratorial authorities in combating trafficking in women and children, and discussing the issues of strengthening law enforcement and judicial protection of the rights and interests of women and children in different countries. In November, Zhou Qiang, president of the Supreme People's Court, attended the China- SCO Judges' Forum in Qingdao and delivered a speech and the participants conducted dialogue and discussion on the me of "deepening judicial cooperation among local courts within the SCO framework". The forum was the first forum of local court justices held within the SCO framework.

- Dialogue and cooperation within the ASEAN framework

In December, Zhou Qiang, president of the Supreme People's Court, attended the 5th China-Singapore Legal and Judicial Roundtable by video and delivered a speech. The participants conducted exchange and discussion with a focus on "Online Litigation Rules", "Best Practices in Hearing Intellectual Property Rights Cases", "Developing a New Paradigm for Dispute Management and Promoting Belt and

Road Infrastructure Construction", "Uniform Application of Commercial Law under the Belt and Road Initiative" and other topics. For the first time, the supreme courts of China and Singapore signed the Memorandum of Understanding on Cooperation in Promoting Continuing Education of Judges and the Memorandum of Understanding on Cooperation in Legal Identification Issues in the form of cloud signature. In the same month, President Zhou Qiang of the Supreme People's Court held a video conference with Nguyen Hoa Binh, member of the Political Bureau of the Communist Party of Vietnam Central Committee, secretary of the Central Secretariat and president of the Supreme People's Court. President Zhou Qiang introduced to the Vietnamese side the relevant information on China's comprehensive law-based governance and judicial reform in recent years, and shared China's experience in judicial reform. President Nguyen Hoa Binh spoke highly of Xi Jinping's thinking on the rule of law, praised General Secretary Xi Jinping's farsighted remarks on rule of law and judicial reform, which are meaningful to Vietnam's judicial reform, expressed appreciation for the experience of China's Supreme People's Court in firmly adhering to the absolute leadership of the Party and adhering to the people-centered approach in judicial reform, and congratulated China on its great achievements in the prevention and control of the COVID-19 epidemic. In September, the Supreme People's Procuratorate and the Supreme People's Procuracy of Vietnam held a business seminar by video on procuratorial reform.

- Dialogue and cooperation within the framework of the BRICS countries

In August, Yang Jiechi, member of the Political Bureau of the CPC Central Committee and director of the Office of the Central Foreign Affairs Commission, attended the 11th video conference of senior representatives of BRICS countries on security affairs in Beijing, stressing that BRICS countries should follow the common guidelines of the leaders of the five countries, uphold the BRICS spirit of openness, inclusiveness and win-win cooperation. They should strengthen strategic communication, enhance political mutual trust, deepen coordination in security affairs and make preparations for the upcoming 13th BRICS Summit. The parties exchanged views on international and regional hotspot issues, cooperation among law enforcement agencies, health security, counter-terrorism and cyber security, and agreed to strengthen communication, coordination and solidarity. In November, Vice Chairwoman of the NPC Standing Committee Shen

Yueyue attended the 7th BRICS Parliamentary Forum by video and made a speech, saying that the legislatures of BRICS countries should strengthen communication and cooperation, promote the BRICS partnership toward higher quality, and make positive contributions to world peace and development. In the same month, representatives of the Supreme People's Court attended the 7th BRICS International Competition Conference and delivered a speech, saying that Chinese courts will deeply practice Xi Jinping's thinking on the rule of law, adhere to the equal protection of the legitimate rights and interests of Chinese and foreign parties in accordance with the law, strengthen anti-monopoly and anti-unfair competition justice, and actively create a market-oriented, rule of law and international business environment. Nearly 400 representatives from different countries and territories and relevant international organizations conducted seminars and exchanges around the me of "Openness - Competition - Development" in an online and offline manner.

- Dialogue and cooperation within the framework of the Asian-African Legal Consultative Organization

In November, Premier Li Keqiang attended the 59th session of the Asian-African Legal Consultative Organization (AALCO) by video and delivered a speech, fully recognizing the important contribution of AALCO to strengthening the solidarity and cooperation among Asian and African countries and promoting the development of international law. AALCO also announced the establishment of the AALCO Regional Arbitration Center in the Hong Kong Special Administrative Region.

- Dialogue and cooperation in the Asia-Pacific region

In September, President of the Supreme People's Court Zhou Qiang attended the 11th International Legal Forum of the Asia-Pacific Region hosted by the Supreme Court of Russia by video and delivered a speech, expressing the willingness of the Supreme People's Court of China to judicial exchanges and mutual understanding with the participating parties, and make positive contributions to the high-quality development of the Belt and Road Initiative and building a human community with a shared future.

- Dialogue and cooperation with LAC countries

In April, President of the Supreme People's Court Zhou Qiang held a working meeting with President of the Supreme Court of Bolivia Olvis Egüez Oliva by video in Beijing, to further strengthen the friendly and cooperative relationship between the Supreme Court of China and the Supreme Court of Bolivia, to enrich the content of bilateral relations and to better coordinate with the country's overall diplomacy and the Belt and Road Initiative. In June, Procurator-General of the Supreme People's Procuratorate Zhang Jun met with Cuban Attorney General Yarmila Peña Ojeda by video to hold talks on further strengthening judicial exchanges and cooperation between China and Cuba, and signed the Cooperation Plan for 2021-2022 between the Supreme People's Procuratorate of the People's Republic of China and the Office of the Attorney General of the Republic of Cuba.

- Others

In October, the Supreme People's Court held the International Forum on Judicial Cooperation on the Maritime Silk Road (Quanzhou) in Quanzhou City, Fujian Province in an online and offline manner. Representatives from 21 countries and 3 international organizations conducted seminars and exchanges on the me of "Strengthening Judicial Cooperation and Promoting Win-Win Development".

4. Foreign legal exchange

In January, the Supreme People's Court held a workshop for Singapore judges in Beijing on the me of "Commercial Dispute Resolution under the Framework of the Belt and Road Initiative". Forty-eight judges and judicial officials, including all judges of the Supreme Court of Singapore, participated in the workshop online, which effectively implemented the memorandum of understanding and roundtable mechanism for cooperation between China and Singapore.

In March, the Supreme People's Court of China and the Supreme People's Court of Laos co-organized the second workshop for Laotian judges in Beijing, with online lectures and seminars on China's single-judge system, China's intellectual property rights trial system, and knowledge and experience related to trial work in the people's courts during the COVID-19 epidemic. The event was attended by the heads of relevant departments of the Supreme People's Court of China and the Supreme People's Court of Laos and 25 Lao judge trainees.

In May, the Sixth Training Course of the China-South Asia Legal Training Base organized by the China Law Society was held online in Shanghai, focusing on Xi Jinping's thinking on the rule of law, internationalization and localization of Chinese commercial arbitration, China's new legal system for COVID-19 epidemic prevention and control, and the rule of law in China under CPC leadership. The training was attended by 107 legal practitioners from 8 countries in South Asia.

In June, the Eighth Training Course of the China-Africa Legal Talent Exchange Program was held in Beijing online, conducting online exchanges and discussions of Xi Jinping's thinking on the rule of law, China's legal system and practice of foreign investment protection, legal issues related to the Belt and Road Initiative, legal guarantee for coordinating the Belt and Road Initiative and Africa FTA development, the legal system for China's intellectual property protection and its innovation and other topics. A total of 211 legal practitioners from 21 African countries participated in the training.

In November, the China Forum on International Legal Cooperation (2021), organized by the China Law Society, was held in Beijing, with the me of "Innovation and Improvement of International Trade and Investment Rules for the Belt and Road Initiative". Wang Chen, member of the Political Bureau of the CPC Central Committee, vice chairman of the NPC Standing Committee and president of the China Law Society, attended the forum and delivered a keynote speech, emphasizing that China is willing to work with other countries to maintain the international system with the United Nations at its core, maintain the international order based on international law, deepen legal cooperation for the Belt and Road Initiative, build a higher level of international trade and investment rules, and promote the recovery and growth of the world economy. Wang Chen put forward four initiatives: China supports all parties to maintain the multilateral trading system with the World Trade Organization as the core; will better coordinate policies, rules and standards to unblock the channels of trade and investment cooperation; will promote the formulation of international rules in emerging areas such as the digital economy and encourage the use of safe and reliable digital means to promote cross-border trade facilitation; and will improve the international commercial dispute settlement mechanism to resolve international commercial disputes in a fair, efficient and convenient manner. Chen Xunqiu, secretary of the Leading Party Members' Group and executive vice president of the China Law Society, presided over the opening ceremony and read out the outcome document " Beijing Declaration of the China Forum on International Legal Cooperation (2021)". Representatives from 20 countries and territories, including China, Russia and Brazil, as well as international organizations, attended the conference and conducted seminars and exchanges both online and offline.

In December, the Second International Seminar on Counter Terrorism, hosted by the *China Institutes* of

Contemporary International Relations was held in Beijing. Officials, heads of counter-terrorism agencies, experts and scholars from 17 countries, including Russia, the United States and the United Kingdom, conducted discussion and exchange of the me of "New Situation, New Threats, New Challenges to Counter Terrorism and New Joint Response Measures" by video.

Conclusion

The year 2022 is an important year for China to enter a new journey of of marching toward the Second Centenary Goal of building a modern socialist country in all respects. The 20th National Congress of the CPC will be held, which is an important event in the political activity of our Party and country.

The Resolution of the Sixth Plenary Session of the 19th CPC Central Committee points out that, "Comprehensively advancing law-based governance is an essential requirement and important guarantee for socialism with Chinese characteristics; it is also a profound revolution in China's governance." On the new journey of building a modern socialist state, legal practitioners should adhere to Xi Jinping's thinking on the rule of law to arm the mind, guide practice and promote work. They must consciously be a firm believer, active communicator, and model practitioner of Xi Jinping's thinking on the rule of law, open up new prospects for the rule of law in China, and write a new chapter on comprehensive law-based governance in the new era.

First, we must adhere to Party leadership, deeply understand the decisive significance of the factor that the Party has established Xi Jinping's core position on the Party Central Committee and in the Party as a whole, and defined the guiding role of Xi Jinping Thought on Socialism with Chinese Characteristics for a New Era. We must strengthen our consciousness of the need to maintain political integrity, think in big-picture terms, follow the leadership core, and keep in alignment with the central Party leadership; stay confident in the path, theory, system, and culture of socialism with Chinese characteristics; and uphold Xi Jinping's core position on the Party Central Committee and in the Party as a whole, and uphold the Central Committee's authority and its centralized, unified leadership. We must constantly improve our capacity for political judgment, thinking, and implementation.

Second, we must acquire a deep understanding of the great strategic significance of adhering to comprehensive law-based governance and building China into a rule of law country. We must thoroughly implement the strategy of comprehensive law-based governance of the Party Central Committee, comprehensively implement the plan for building

China into a rule of law country, and comprehensively implement the plan for building a law-based society.

Third, they must improve the quality and efficiency of legislation and accelerate the improvement of the socialist legal system with Chinese characteristics with the Constitution at the core.

Fourth, we must improve law-based government administration and promote all the work of the government in accordance with the law. We must accelerate the development of law-based government and fully implement the plan for the development of law-based government.

Fifth, we must ensure judicial fairness, efficiency and authority, and strive to let the people feel justice is served in every judicial case. We must deepen the comprehensive reform of the judicial responsibility system, fully implement the judicial accountability system, improve the litigation system, and strengthen the legal service system.

Sixth, we must strengthen the oversight over the implementation of the rule of law and ensure that state organs effectively perform their duties in the implementation of the rule of law.

Seventh, we must strengthen the ranks of rule of law professionals to provide talent support and intellectual support for building China into a rule of law country.

Eighth, we must promote the spirit of socialist rule of law, build a socialist rule of law culture, solidify the foundation for building a society based on the rule of law, and accelerate the realization of the rule of law in social governance.

In 2022, standing at a new historical starting point, we must adhere to Xi Jinping's thinking on the rule of law as a guide, accelerate the building of China into a rule of law country, provide strong legal guarantees for building a modern socialist country in all respects and realizing the Chinese Dream of National Rejuvenation, and welcome the 20th National Congress of the CPC with excellent achievements.

Appendixes

Ⅰ. Laws, legal interpretations, and decisions enacted or revised by the NPC and its Standing Committee in 2021

A. Enacted laws

1. Coast Guard Law of the People's Republic of China

2. Rural Vitalization Law of the People's Republic of China

3. Anti-Food Waste Law of the People's Republic of China

4. Data Security Law of the People's Republic of China

5. Hainan Free Trade Port Law of the People's Republic of China

6. Law of the People's Republic of China on the Protection of the Status, Rights, and Interests of Servicepersons

7. Stamp Duty Law of the People's Republic of China

8. Law of the People's Republic of China on Countering Foreign Sanctions

9. Law of the People's Republic of China on the

Protection of Personal Information

10. Supervisory Officers Law of the People's Republic of China

11. Legal Aid Law of the People's Republic of China

12. Physicians Law of the People's Republic of China

13. Law of the People's Republic of China on the Promotion of Family Education

14. Land Border Law of the People's Republic of China

15. Anti-Organized Crime Law of the People's Republic of China

16. Law of the People's Republic of China on the Protection of Wetlands

17. Law of the People's Republic of China on the Prevention and Control of Noise Pollution

B. Revised laws

1. Law of the People's Republic of China on Animal Epidemic Prevention (revised)

2. Administrative Penalty Law of the People's Republic of China (revised)

3. Decision of the NPC on Revising the Organic Law of the NPC of the People's Republic of China

4. Decision of the NPC on Revising the Rules of Procedure of the NPC of the People's Republic of China

5. Method for the Selection of the Chief Executive of the Hong Kong Special Administrative Region, Annex I to the Basic Law of the Hong Kong Special Administrative Region of the People's Republic of China (revised)

6. Method for the Formation of the Legislative Council of the Hong Kong Special Administrative Region and its Voting Procedures, Annex II to the Basic Law of the Hong Kong Special Administrative Region of the People's Republic of China (revised)

7. Law of the People's Republic of China on Maritime Traffic Safety (revised)

8. Decision of the NPC Standing Committee on Revising the Education Law of the People's Republic of China

9-16. Decision of the NPC Standing Committee on Revising Eight Laws, Including the Road Traffic Safety Law of the People's Republic of China

The eight laws are: The Road Traffic Safety Law of the People's Republic of China, the Fire Services Law of the People's Republic of China, the Import and Export Commodity Inspection Law of the People's Republic of China, the Advertising Law of the People's Republic of China, the Grassland Law of the People's Republic of China, the Civil Aviation Law of the People's Republic of China, the

Customs Law of the People's Republic of China, and the Food Safety Law of the People's Republic of China

17. Decision of the NPC Standing Committee on Revising the Measures of the Chinese People's Liberation Army for Electing Deputies to the NPC and Local People's Congresses at or Above the County Level

18. Law of the People's Republic of China on the Protection of Military Facilities (revised)

19. Decision of the NPC Standing Committee on Revising the Workplace Safety Law of the People's Republic of China

20. Military Service Law of the People's Republic of China on (revised)

21. Decision of the NPC Standing Committee on Revising the Law of the People's Republic of China on Population and Family Planning

22. Decision of the NPC Standing Committee on Revising the Auditing Law of the People's Republic of China

23. Law of the People's Republic of China on Scientific and Technological Progress (revised)

24. Decision of the NPC Standing Committee on Revising the Law of the People's Republic of China on Seeds

25. Decision of the NPC Standing Committee on

Revising the Civil Procedure Law of the People's Republic of China

26. Decision of the NPC Standing Committee on Revising the Law of the People's Republic of China on Trade Unions

C. Adopted decisions on legal issues and major problems

1. Decision of the NPC Standing Committee on the Establishment of the Beijing Financial Court

2. Decision of the NPC on Improving the Electoral System of the Hong Kong Special Administrative Region

3. Decision of the NPC Standing Committee on Strengthening the Examination and Oversight over the Central Budget (revised)

4. Decision of the NPC Standing Committee on Authorizing the State Council to Temporarily Adjust the Application of Relevant Legal Provisions in the Pilot Free Trade Zone

5. Decision of the NPC Standing Committee on Authorizing the Shanghai Municipal People's Congress and Its Standing Committee to Make Regulations for Pudong New Area

6. Resolution of the NPC Standing Committee on the Implementation of the Eighth Five-Year Plan on Publicity and

Education on the Rule of Law

7. Decision of the NPC Standing Committee on Authorizing the Supreme People's Court to Organize a Pilot Reform to Define the Functions of the Four Levels of Courts

8. Decision of the NPC Standing Committee to Authorize the State Council to Temporarily Adjust the he Application of the Relevant Provisions of the Measurement Law of the People's Republic of China in Pilot Cities for Innovation in the Business Environment

9. Decision of the NPC Standing Committee on Authorizing the State Council to Carry Out Pilot Work on Real Estate Tax Reform in Some Areas

10. Decision of the NPC Standing Committee on the Temporary Adjustment of the Relevant Legal Regulations during the Deepening of the Reform of the National Defense Mobilization System

11. Decision of the NPC Standing Committee on Strengthening Oversight over Economic Work (revised)

II. Administrative regulations enacted or revised by the State Council

1. Regulations on Oversight and Management of the Use of Medical Insurance Funds

2. Regulations on the Management of Sewage Permits

3. Regulations on the Prevention and Disposal of Illegal Fundraising

4. Regulations on the Administration of State-Owned Assets of Administrative and Public Institutions

5. Regulations for the Oversight and Management of Medical Devices (revised)

6. Regulations on the Management of Grain Circulation (revised)

7. Regulations on the Implementation of the Law of the People's Republic of China on the Promotion of Privately-Run Schools (revised)

8. Regulations on the Management of Pig Slaughtering (revised)

9. Regulations on the Implementation of the Land Management Law of the People's Republic of China (revised)

10. Regulations on Seismic Management of Construction Projects

11. Regulations of the People's Republic of China on the Registration of Market Entities

12. Regulations on Security Protection of Critical Information Infrastructure

13. Decision of the State Council on the Abolition of

Some Administrative Regulations (State Council Decree No. 747)

14. Regulations on Groundwater Management

15. Measures for Implementing the Commitment System of Parties to Securities and Futures Administrative Law Enforcement

16. Decision of the State Council on Revising the Regulations on the Implementation of the Tobacco Monopoly Law of the People's Republic of China

III. Judicial interpretations issued by the Supreme People's Court and the Supreme People's Procuratorate in 2021

1. Interpretation of the Supreme People's Court on the Application of the Criminal Procedure Law of the People's Republic of China

2. Supplementary Regulations of the Supreme People's Court Supreme and the Supreme People's Procuratorate on the Implementation of the Criminal Law of the People's Republic of China for Determining Crimes (Ⅶ)

3. Interpretation of the Supreme People's Court on the Application of Punitive Damages in Civil Cases of Infringement of Intellectual Property Rights

4. Regulations of the Supreme People's Court on the

Jurisdiction of Cases in the Beijing Financial Court

5. Interpretation of the Supreme People's Court on Issues concerning the Application of Law to the Determination of Liability for Moral Damage in State Compensation Cases

6. Regulations of the Supreme People's Court on Issues concerning the Handling of Administrative Applications for Retrial

7. Regulations of the Supreme People's Court on Issues concerning the Correct Determination of the Qualification of Defendants in Administrative Litigation of Local People's Governments at or Above the County Level

8. Interpretation of the Supreme People's Court Supreme and the Supreme People's Procuratorate on Issues concerning the Application of Law in Handling Criminal Cases of Concealment and Harboring

9. Decision of the Supreme People's Court on Revising the Interpretation of Issues concerning the Application of Law in Criminal Cases of Concealing and Hiding the Proceeds of Crime and Proceeds of Crime

10. Decision of the Supreme People's Court on Revising the Regulations on the Jurisdiction of Cases in the Shanghai Financial Court

11. Regulations of the Supreme People's Court on Issues

concerning the Trial of Civil Disputes over Bank Cards

12. The Reply of the Supreme People's Court on the Defendant's Request for Reasonable Expenses in Intellectual Property Infringement Litigation on the Ground of Plaintiff's Abuse of Rights

13. Online Litigation Rules of the People's Courts

14. Regulations of the Supreme People's Court on Issues concerning the Application of Law in Civil Cases of Disputes over Patent Rights Related to Registered Pharmaceutical Products

15. Regulations of the Supreme People's Court on the Specific Application of Law in the Trial of Disputes over Infringement of New Plant Variety Rights (Ⅱ)

16. Regulations of the Supreme People's Court on Issues concerning the Application of Law in Civil Cases Relating to the Use of Face Recognition Technology in Handling Personal Information

17. Decision of the Supreme People's Court on Revising the Regulations of the Supreme People's Court on Issues concerning the Application of Law in Hearing Cases of Food and Drug Disputes

18. Decision of the Supreme People's Court on Revising the Interpretation of the Supreme People's Court on Issues

concerning the Application of Law in Hearing Cases of Disputes on Compensation for Personal Damage in Railway Transportation

19. Regulations of the Supreme People's Court on Issues concerning the Qualification of Bidders for Property at Judicial Auctions of the People's Courts

20. Regulations of the Supreme People's Court on Issues concerning the Compulsory Execution of Equity by the People's Courts

21. Decision of the Supreme People's Court on Revising the Relevant Regulations of the Supreme People's Court on the Reporting and Verification of Arbitration Judicial Review Cases

22. Online Mediation Rules of the People's Courts

23. Interpretation of the Supreme People's Court Supreme and the Supreme People's Procuratorate on Issues concerning the Application of Law in Handling Criminal Cases Endangering Food Safety

24. Regulations of the Supreme People's Court on the Application of Prohibition of Preservation Measures in Eco-environmental Tort Cases

25. Rules for Oversight over Civil Litigation by the People's Procuratorates

26. Rules of the People's Procuratorates for handling Public Interest Litigation Cases

27. Rules for Oversight over Administrative Litigation of the People's Procuratorates